南京市民俗博物馆

Nanjing Folklore Museum

带你走进博物馆 SERIES

郑孝清　马麟　杨英　编著

文物出版社

赠　言

未成年人将要承担中华民族伟大复兴的重任。关心未成年人的健康成长，关心他们的思想道德的建设是我们每个人的责任，各类博物馆不仅是展示我国和世界优秀历史文化的场所，也是未成年人学习知识、培养情操的第二课堂。

让这套丛书带你走进博物馆，让博物馆伴随你成长。

国家文物局局长 单霁翔

2004年12月9日

馆长寄语

这里，是国务院公布的全国重点文物保护单位——甘熙宅第。多进穿堂式的古建筑群，规模宏大、质朴简洁、风格独特。居于其中的甘氏族人，尊崇“友恭”，藏书津逮，传承文化。

这里，是展示南京非物质文化遗产和民俗文化的专业性博物馆。贴近民众生活的展览，雅俗共赏、喜闻乐见。传统的民间技艺展示和戏曲表演，精妙绝伦，风情悠然。

这里，是南京文博事业发展的见证，从 1989 年筹备至今，二十余年间，馆址由小变大，研究由浅入深，收藏由少到多，陈列由简至精。如今，这座位于传统历史街区核心的文化殿堂已成为古都南京的一张文化名片。

南京市民俗博物馆馆长　郑孝清

2010 年 12 月 26 日

Contents

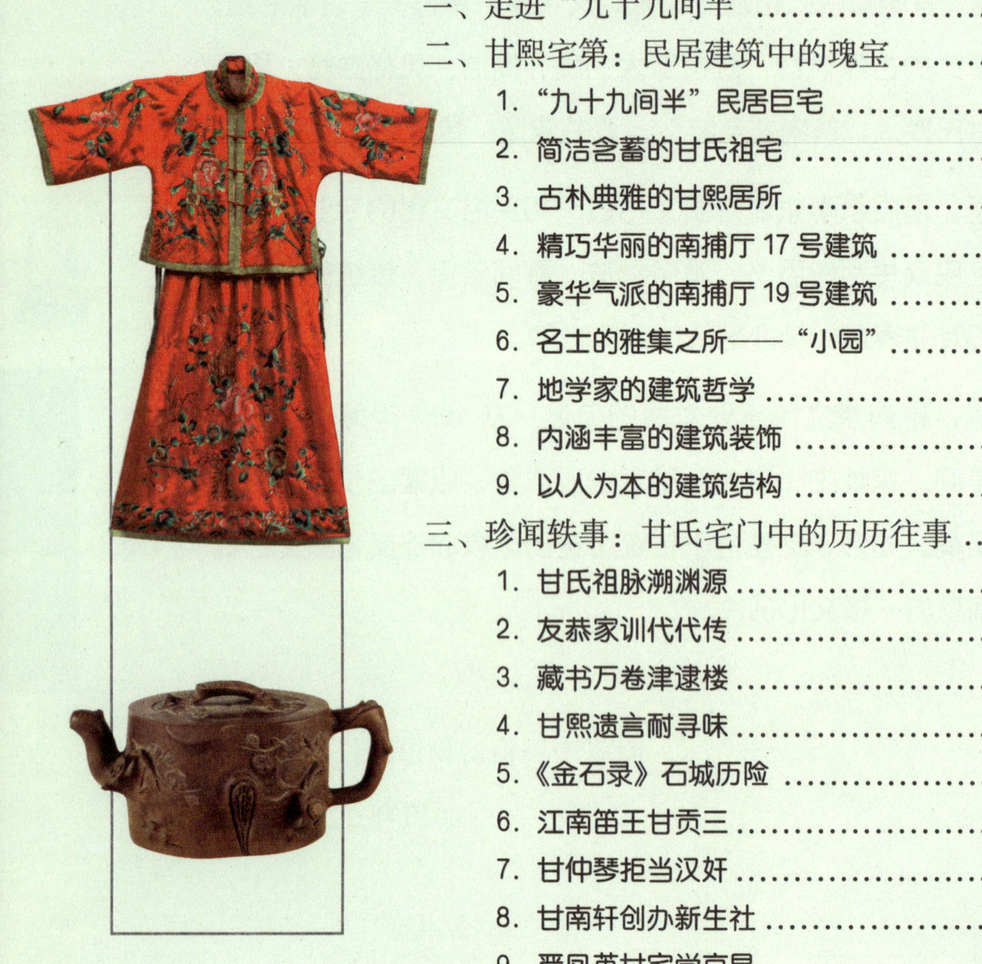

南京市民俗博物馆

一、走进“九十九间半”

站在南京城南南捕厅的巷口，隐隐可见小巷深处黛瓦粉墙的老屋，这便是包含了南捕厅 15、17、19 号和大板巷 42、46 号，俗称“九十九间半”的甘熙宅第，南京市民俗博物馆的馆址所在。

这座巨大的私人宅院始建于清代嘉庆年间，历经兵灾战火、风雨侵蚀，至今已有两百多年的历史了。它精巧的建筑构造、质朴的建筑雕饰被建筑界泰斗吴良镛先生誉为“民俗瑰宝”；居于其

维修前的甘熙宅第

中的甘氏家族，代代以“友恭”精神为家训，世代书香，诗礼传家。甘熙宅第和明孝陵、明城墙并称为南京明清建筑的“三大景观”，为金陵新四十八景之一，具有极高的历史、艺术和旅游价值。

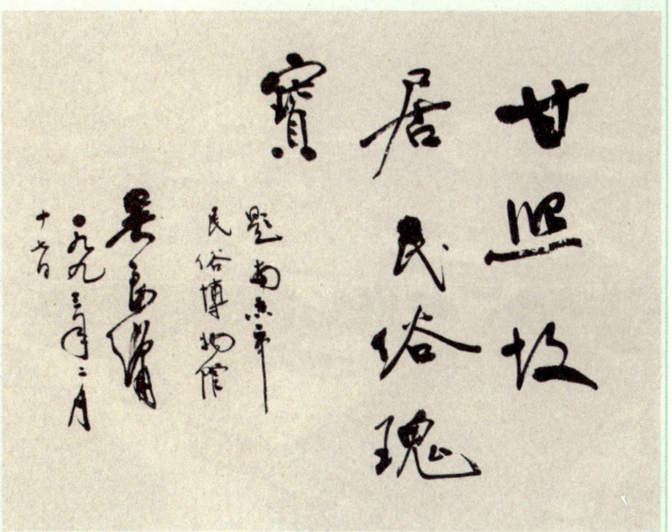

吴良镛题词

甘熙宅第的所在地南捕厅，东起府西街，西接绫庄巷，是南京城南一条不起眼的小巷。它全长只有 200 来米，几乎一眼就可以望穿。中山南路与南捕厅交界处竖立着一块“甘熙宅第”的石质标志碑，从这块标志碑往西步行约 50 米，就可以看到写着“南捕厅 15 号”的门牌，这就是南京市民俗博物馆的大门。走进 15 号大门，绕过屏门，重门叠户的深深庭院便会展现于您的眼前。

1982 年，南京市文物部门在全市的文物普查中，发现了这片深藏闹市却规模宏大的清代民居古建筑群——甘熙故居，将其列为市级文物保护单位。此时的古建筑内，住户庞杂、房屋破旧、改建搭建严重，但也是从那一刻起，在市委、市政府的高度重视和直接关心下，甘熙

维修后的甘熙宅第

故居得到了抢救性的保护。

1986 年，为了科学保护和合理利用南京传统民居，文物部门开始在甘熙故居内筹建南京市民俗博物馆。1992 年，南捕厅 19 号部分建筑得以修复，11 月 18 日，南京市民俗博物馆建成并对外开放。

2002 年，南捕厅三组建筑，南捕厅 15、17、19 号，经过一年的闭馆维修后，又重新为游客揭开了神秘面纱，“藏在深闺人未识”的甘熙故居再次成为市民和媒体关注的热点，“甘家大院”的俗称开始在民间口耳相传。

2006年5月，甘熙故居被列为第六批全国重点文物保护单位，并正名为“甘熙宅第”。同年，在南京市政府的关心支持下，甘熙宅第后期修缮及环境整治工程正式启动。

2007年，除原来的南捕厅建筑，文物部门又修复了大板巷42、46号古建筑，复建了津逮楼和“小园”，增建了长廊和水榭，并在保护范围内保留、修复了一栋优秀的民国建筑——听秋阁，甘熙宅第完整重现了历史原貌。

依托甘熙宅第厚重的历史载体，凭借民俗博物馆“非物质文化遗产”的文化特色，2009年，我们与南京市社会科学院文化研究所联合成立了“南京市非物质文化遗产研究所”，2010年1月19日，南京市民俗博物馆同时挂牌成立了“南京市非物质文化遗产博物馆”。

几度春秋，几经风雨，伴随着民俗博物馆一路走来，亲历其成长的每一位文博工作者无不深深感受到这其中的

维修前的南捕厅19号大厅

维修后的南捕厅 19 号大厅

困难与艰辛，许许多多员工为它奉献了自己的汗水与青春，更为民俗博物馆取得的每一个进步感到骄傲与自豪。我们的软硬件设施由简陋到完善，我们的陈列展览由简略到丰满，我们的学术研究和服务观众的技能由简单到多样，南京市民俗博物馆经过近三十年的努力，已成长为在全国具有一定影响力的专业性博物馆。

甘熙宅第是南京民居建筑的代表，它既有南方建筑的秀丽雅致，又兼北方建筑的质朴大气。高耸挺直的院墙，交错起伏的马头墙，轻盈淡雅的色调，别具民俗风情的建筑雕饰，传达了南京地区传统民居建筑中深藏的历史

维修前的跑马楼

维修后的跑马楼

信息和文化内涵。走进甘家大院，您可以目睹这座阅尽了人间沧桑的江南名宅，还可以赏梨园雅韵、品津逮书香、看民间绝活、观金陵民俗，重温老南京悠远的文化韵味……

二、甘熙宅第：民居建筑中的瑰宝

1. “九十九间半”民居巨宅

甘熙宅第又叫“甘熙故居”、“甘家大院”，而老南京人更喜欢称它为南捕厅的“九十九间半”。前来参观的游客，在惊讶其宏大规模之余，往往喜欢探究它是否真有“九十九间半”之多，“半间”又在哪里。其实，甘熙宅第现存房屋共有162间，并没有所谓“半间”建筑。

“九十九间半”是民间对大型民居建筑群的俗称，扬州、苏州等地也有这种叫法，它并不是指实际意义上的数字，而是形容住宅规模庞大、房屋众多。中国人认为数字起于一，极于九，“九”是最大的阳数，《周易》中以阳爻为九，代表天，因此“九”又是皇家的专用数字。中国人的传统哲学讲究“高而不危、满而不溢”，过了九就到了头了，而到头就意味着走下坡路，因此留半间以达到“长富、长贵”的目的。

还有一种说法认为玉皇大帝的天宫有万间，作为天子居所的皇宫紫禁城，则比天宫少半间，只能建“九千九百九十九间半”，最大的官宅建筑是孔府，号称“九百九十九间半”，而一般民居不得与王族勋戚相匹敌，因此只能称为“九十九间半”了。这虽然是民间传说，但也反映出我国封建社会森严的等级制度。早在周代，就对不同规格的建筑应该使用什么色彩有详细的

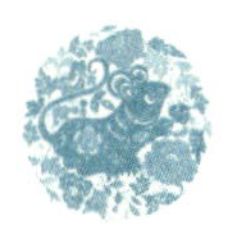

规定，以后历代王朝都是如此，建筑的营造规格已成为中国传统礼制的重要部分。明清时期，这样的规定更加严格，明代初年的《舆服制》就规定一般百姓建房，只能建三开间、五架梁，不许用斗拱、彩绘，否则就是僭越。正是由于规定了单体建筑的大小、规格，使得民居建筑的变化主要体现在组合上。一些

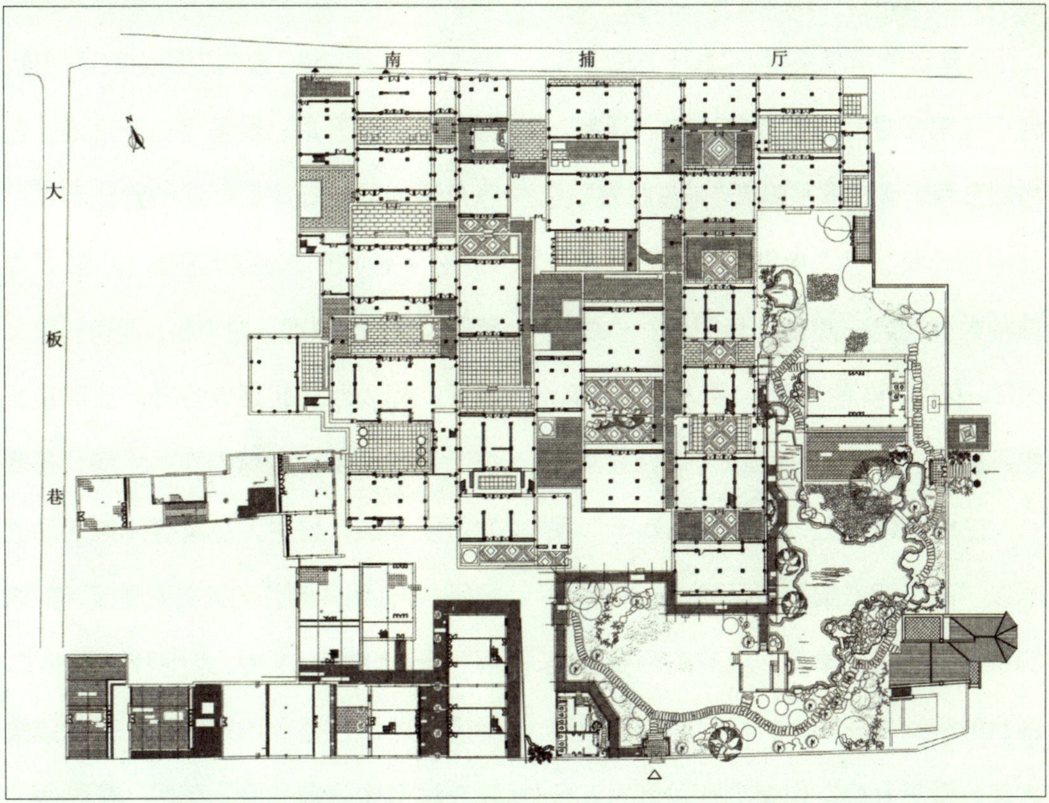

南捕厅

大板巷

甘熙宅第平面图

大户之家，为了满足其使用功能，便向纵深发展，以院落的组合来营建住宅，因此一些深宅大院，往往由数个数十个院落组合而成，重门叠户、深不可测，形成了所谓的“九十九间半”民居巨宅。

从建筑的角度来看，“九十九间半”属于江南多进穿堂式建筑，它在规制、格局方面承袭了宫室建筑“前堂后寝”、“中正无邪”、“内外分明”的特点。这种大型民居一般都设有门厅、轿厅、大厅、花厅、寝房、厨房、佣人房等建筑，由几重院落组成，规模庞大、装饰豪华。

在单体建筑上，“九十九间半”民居以“间”和“架”来区分，“间”指的是房屋的横向单位，纵向的两榀屋架围合的空间为一间。甘熙宅第中的建筑大部分是三开间，也有个别建筑为五开间。“架”是指房屋进深的深度，架数越多，进深越深。甘熙宅第中根据每栋建筑使用功能和等级的不同，为五至九架不等。

在平面布局上，“九十九间半”民居呈纵向排列，纵向的每一栋房屋都称为“进”，两“进”建筑之间由院落相连，通常是三至五进，最多可达十几进。前后几进房屋纵向串联而成的建筑群体称为“落”。宅中的中轴建筑称为“主落”，“主落”中又以“大厅”为中心，前有门厅、轿厅，和大厅一起组成会客、议事及礼仪活动的区域，后有内厅、正房，多数为两层建筑，是主人及家眷休息活动的场所。中轴线两侧并列的次要建筑，称“边落”，安排客房、下房、柴房等次要房屋，厨房一般设在整座建筑后部。有的建筑还在边落中设有书房、花厅、花园等，是主人休闲娱乐的场所。每座建筑之间由腰门和备弄相连通。一组“九十九间半”民居一般由两至三落建筑组成。但每一组“九十九间半”只有一个大门，一间大厅，这是中国传统“门户”观念的体现。

甘熙宅第由四组“九十九间半”建筑组合而成，其中南捕厅15、17、19号三组建筑为坐南朝北，大板巷42号为坐东朝西，四组建筑相互毗连。后进的房屋均通向东南角的后花园，体现了“前实后虚”的建筑理念。由于历史上甘熙宅第曾几经劫火，几度兴衰，四组建筑从明末到清，直至民国，多种时代特征并存。建筑形式有为官之家的宏伟气派，有文人学者之家的简朴谦和，有为商之家的华丽繁琐，堪称是南京民居建筑的博物馆。

2. 简洁含蓄的甘氏祖宅

南捕厅15号是甘家的祖宅，后期家族中的五、六、七、九房曾聚居于此。它是甘熙宅第中面积最大、进数最多、结构最为复杂的一组。清嘉庆四年（1799年），甘家由东花园搬至南捕厅首先营建的住宅就是这里。然而该组建筑在咸

南捕厅15号大门

丰三年（1853 年）太平天国的战火中遭到严重破坏，同治年间甘氏后人又重新整修。

南捕厅 15 号祖宅由四落建筑组成，中间为正落，前后共有六进，大门就开在正落中间。门厅前步柱间原有屏门，上面刻有“武丁旧学、典午名家”的对联，上联指甘姓始祖、商王武丁的老师甘盘，下联暗指东晋名将、丹阳甘姓始祖甘卓。

15 号大厅前轩

第二进就是大厅“友恭堂”，“友恭堂”是这组“九十九间半”的中心建筑，为三开间，明间采用抬梁结构，省去中间立柱，突出了建筑的高度和进深。大厅前部有轩，后部有廊，轩上面铺设的望砖历经百余年仍严丝合缝、完好如初，两边山墙下部有砖细墙裙，南北面全为落地隔扇门，裙板雕饰博古瓶花，十分雅致。

大厅明间后步柱有屏门，屏门上方悬挂褐底金字的“友恭堂”匾额，两边立柱有楹联，内容为“孝义传家政，诗书裕后昆”。匾额和对联虽然都不是原物，但甘氏家族以“孝”治家的理念跃然眼前，让人领略到这个千年家族的深厚底蕴。大厅后廊，清代大儒王芑孙撰写并

南捕厅 15 号五进小楼

书丹的《金陵甘氏友恭堂碑记》仍旧镶嵌在东墙之上，甘氏族人代代吟诵的家训历历在目。当年“友恭堂”是举行祝寿、祭祖等重要礼仪活动的场所，是家族中的“教孝之地”，在甘氏族人的心目中，它不仅仅是一座建筑，更是家族精神的象征。

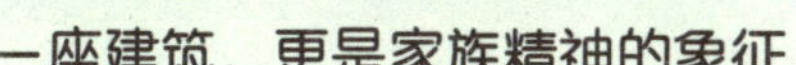

出了大厅后的墙门便是内宅，大厅后的这道后沿墙就是内外的分界线，墙外是对外接待、议事的场所，墙内是家眷起居之地，一般外人是不能进入到内宅的。大厅后三至五进是两层小楼，六进是四开间的厨房。

主落建筑的东边有两座小院，靠近主落是由两进平房围合的四合院，南面的一进有门直通后花园。最东边的院落是一座雅致的书房，前后有院，书房前后的和合窗、木雕围栏保存完好。

正落与西路边落之间有一条狭长的备弄相隔，它既是防火通道又是连接院落房屋的交通枢纽。西路边落不在一条轴线上，前后有四进，前两进房屋由备

15 号花厅

弄旁的圆门进出，清末民国时期，这里是五、九房的甘贡三先生及其子女的住所，当年红豆馆主爱新觉罗·溥侗寓居南捕厅时就住在此处。南边两进院落为五房居住，两进房屋之间有院墙相隔，院墙上开有三个很大的漏窗，北面一进

15 号花厅前古井

备弄旁的圆门

南捕厅15号的最西边还有一落建筑，南边是一栋两开间的书房，门窗样式已是民国风格，它原是“新生社”社长、甘贡三先生的长子甘浏（南轩）的书房，房中原悬挂有于右任先生手书的楹联。书房前后都有院子，南边的院子非常宽敞，地面为卵石铺地，院中有一株百年老梅，盘根错节，虽然老态毕现，却依旧生机勃勃。穿过书房北院的小门，正对的就是著名黄梅戏表演艺术家严凤英是居所，南面一进是花厅。花厅规模不大，装饰简洁，著名的“新生京剧、音乐研究社”就在这里活动。花厅前的院中有一眼井，井栏上刻有“福泉”二字。中间院墙两面都堆有假山，环境素雅。当年，丝竹之声缭绕，皮黄二调吟唱，是文人雅士、社会名流相聚之所。

甘南轩的小书房

严凤英旧居

的居室。它是一处搭建在过道上的小屋，房间整洁素雅，严凤英的小像就挂在墙上，似乎主人还未走远，黄梅小调的余音仍旧回荡耳边。

南捕厅15号祖宅布局分明，大而有序，建筑风格简洁含蓄，藏而不露，处处体现了主人平静淡泊的文人思想。

3. 古朴典雅的甘熙居所

“甘熙宅第”的建造者是甘福，由于其子甘熙是家族中最有名望的人物，因此宅第就以他的名字命名，大板巷42号才是甘熙真正的住所，其家族中的大房（甘煦一支）、二房（甘熙一支）就住在这里。

大板巷42号前后有五进房屋，分别是门厅、轿厅、大厅及两进楼房，此外还有两个小院落。在咸丰年间的战火中，大板巷42号基本未遭破坏，整组建筑保存完好。

门厅外墙较为低矮，下部砌有基石。

门是石库门样式，石库门雀替上雕有花草图案。门洞较小，门头上没有门罩或门楣装饰。这样的设置符合风水中“门小室大”的“六实”原则。

二进是轿厅，轿厅为三开间，七架梁。明间为抬梁结构，梁架间不用坐斗梁垫，而用低矮的童柱连接。2006年，在维修过程中，工人忽然发现斑驳的梁架上有一些黑褐之色非同寻常，仔细辨认，竟然是彩画，于是立刻请东南大学的专家前来查看。原来在二进轿厅中的大梁、童柱、檩条、替木上全部都施满彩画，其图案为苏式风格。经过清理，几百年前精美的图案依然清晰可辨。在民居建筑中施加彩画，在南京现存的清代建筑中没有发现，只有明代状元焦竑的读书楼、明末东阁大学士程国祥的故居有彩画装饰。轿厅中的梁柱用料粗壮，结构简洁，梁为扁作直梁，屋顶平缓低矮，具有典型的明代厅堂建筑风格。

二进轿厅梁架施满彩画

第三进是大厅，大厅对面的门罩是三组建筑中最为简单的，只有上下两层横枋，均为素面。两根垂花柱为花篮图案，挂牙雕饰象头。大厅为三开间、九架梁。前后有轩，轩为磕头轩结构，样式为船蓬轩。大厅明间是抬梁结构，当心间梁柱交接处有丁头拱和形似帽翅的枫拱。大厅梁架剥腮斜项的作法十分明显，大

大板巷42号第三进大厅

后有一线天天井，前面院子宽敞，入口处墙门两面均有砖细门罩。朝东的小院地势较高，用料、规格均不及南院。据传甘熙道光十八年（1838年）中进士后，曾在大板巷42号建“文澜轩”、“寿石轩”两间书室，不知是否是这两座小院。

大板巷42号与其他三组梁为扁作的月梁。轩梁、荷包梁、大梁均无任何雕饰，梁间用坐斗、梁垫连接。梁垫雕刻鱼穿莲图案。

四进、五进是两栋小楼，四进三开间，五进六开间。二房甘熙的后人就曾住在第五进的楼房之中。

在大板巷42号南边还有两座独立的小院，朝西一座较大，梁柱也较粗壮。

42号大厅当心间丁头拱和枫拱

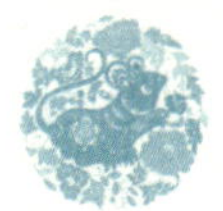

大板巷五进后宅

建筑相比，有许多独特之处，反映了早期建筑的特征。如轿厅梁架施彩画；大厅当心间用丁头拱、枫拱；大厅为前后轩结构；厅堂建筑高度较低矮，屋顶平缓；大厅用方柱，梁架没有雕刻；大厅及轿厅后没有后沿墙；门罩作法古朴等。

42号小院中的砖细门罩

4. 精巧华丽的南捕厅 17 号建筑

南捕厅 17 号只有正落一组建筑，前后五进，分别为门厅、轿厅、大厅及两进后宅。该组建筑年代最晚，建筑的开间及进深都较小，但和其他三组建筑相比，它的建筑雕饰最为精巧华丽。

门厅大门为石库式墙门，装饰简洁。一进为倒座式门厅，五架梁，在明间中柱有四开屏门，室内西南角有一眼水井。

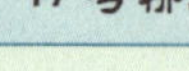
17 号轿厅前的“桃形”古井

二进是“两面脸”轿厅，所谓“两面脸”就是指建筑前后两个立面完全一样。二进立面的形式是中间为六开隔扇门，次间两边是上下三层的和合窗。在前檐阶条石上有一眼水井，井口呈“桃”形。室内明间的宽度较次间大很多，顶部有平顶天花。二进后有照墙，照墙与轿厅之间有院，院内地坪用小青砖铺成“拐子锦”样式。院东首有门通备弄，备弄一直通向四进前院。

三进为“两面脸”柏木大厅。大厅对面照墙上有砖细门罩，保存完好，横枋间的束编细和上部的冰盘沿都有精细的卷草纹装饰。板门上刻有对联，内容为“一代儒宗，千秋博士”，看来，其主人也是书香门第。大厅朝向的设置别

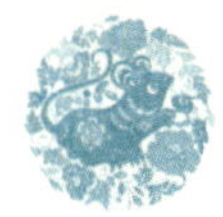

17 号大厅前的砖雕门罩

具匠心，改为坐北朝南，大厅南边有深远的庭院，这样处理后室内采光就非常充足，同时也增加了大厅的气派。大厅两面均为落地隔扇，样式相同，夹堂雕刻牡丹花，裙板图案是花卉、宝瓶。隔扇门之上的横风窗雕刻更为精细，用透雕的手法，雕刻了“郭子仪拜寿”、“八仙”、“福禄寿”、“双龙团寿”等图案。厅堂内大木作装饰奢华，雕工精湛。三架梁、五架梁两端雕刻卷草纹，中部为包袱锦样式，锦地图案为“福寿双全”。

17 号大厅梁架雕刻

17 号大厅轩梁

梁柱交接处有透雕梁托，图案各不相同，分别为菊花、荷花、牡丹、梅花。脊童柱两边的角背雕刻螭龙，姿态生动。前轩的荷包梁雕刻“花鸟图案”，轩梁装饰基本和大梁一致，中间包袱为六角锦，锦地雕刻花卉，这和苏式彩画的图案类似。后廊为两步，双步梁雕刻“凤戏牡丹”，单步梁做成“猫梁”形式，周身布满花卉图案。

大厅后的照墙分隔内外，形成两个院落。照墙的南面，正对内宅有砖细门罩，横枋、束编细均为素面，板门上刻有“修其天爵，教以人伦”的门联，门罩上有四排遮阳用的砖细孔洞。四、五进后宅为两层小楼，天井狭小，楼上有回廊将两进小楼相连，因这种结构形似跑马场，故民间称之为“跑马楼”。“跑马楼”的门窗样式有清式的隔扇门、花格窗，也有民国时期西式风格的门窗，它是时代变迁

17号四进栏杆和封檐板

在建筑上留下的痕迹。五进后有廊，廊后有小院，小院东首有小门，通向东边的厨房。厨房和五进建筑之间有高大的院墙相隔，这样的安排有利于防火。

据甘家后人讲述，南捕厅 17、19 号房屋原属甘家，后作为女儿的嫁妆陪出去了。根据清代房契可知，南捕厅 17 号在清同治之前已不属甘家，它最后的主人是卢家，其后人一直居住到 2002 年才离开这座大院。

跑马楼

5. 豪华气派的南捕厅 19 号建筑

南捕厅 19 号由一主一辅两落建筑组成，后进内宅连通大板巷 46 号。其建筑年代应早于 17 号建筑。它是甘熙宅第中建筑形式最为多样，建筑规格最高的一组建筑。

19 号的迎街院墙明显高于两旁建筑，显示出主人的身份和地位非比寻常。除大门外，还有两个边门，它是四组中

南捕厅 19 号大门

唯一设有边门的建筑。外墙下有青石墙基，西墙上部还镶有“福”字砖雕。大门为门罩式墙门，门罩简洁素雅但不失精致，上部束编细图案为缠枝菊花纹，雕工细致，下部有石勒脚基座，基座包袱角刻有如意图案。鱼鳃墙和门框砖细工艺精湛，每块青砖的表面都经过细致的打磨，再用特制的粘合剂粘连，这就是所谓的“磨砖对缝”。至今，门罩、门框的青砖严密光滑，接缝处连针都插不进去。

门厅为五架梁，明间中柱有四开屏门。门厅后的天井较窄，而一、二进房屋都很高大，这样，夏季时阳光很难照射到庭院中，院中能一直保持阴凉。二进轿厅为抬梁结构，梁架用料适中，没有多余的雕饰。轿厅后廊有腰门连通边落庭院。

19 号大厅

大厅建于三层石阶之上，它是甘熙宅第中最为堂皇的厅堂建筑。迎面全为落地隔扇，夹堂板刻有“暗八仙”图案，裙板刻有“八仙人物”和“四时花卉”，隔扇心仔为柿蒂嵌凌式。横风窗雕饰繁复，内容为戏曲故事。大厅前轩后廊，轩为抬头轩，即将前部轩的高度提高，轩梁和四界大梁的高度相同，进入厅堂，给人以开阔、疏朗的感觉。坐斗、梁垫下有元宝木雕装饰，内容为鹿、麒麟、八仙人物等。内四界梁柱用料硕大，梁为扁作直梁，梁柱交接处有透雕梁托，雕刻蝙蝠、云朵，意为“洪福齐天”，雕工精湛纯熟。大厅后廊为单步梁，两边有腰门分别通向书房和边落。

19 号四进院内古井

19 号四进五开间后宅

四进为五开间，东有厢房连接五进

19号五进楼上的“祖宗阁”

楼房，前院两边有披厦。两进楼房均有副檐，形式为用撑拱承托的板引檐，这是南京民居建筑较为特殊的构造。五进为三开间，明间后步柱有屏门，后有楼梯通二层，明间楼上小屋内有“祖宗阁”，过去家族中的祖宗牌位就摆放在这里，它是整座建筑中最为神秘的地方。

19号的边落前后三进，位于正落的西边，地形很不规整，但经过合理的设计，建筑组合巧妙，形式别致。一进为两层楼房，两开间，南有挑层，挑层有挂落、围栏，封檐处用青砖贴面。二层北边缩进一界，做成副檐。

二进为三层，称为望月楼。它是现存南京民居建筑中唯一的三层建筑，结构非常精巧。望月楼平面依据地形呈L形，楼梯间设在北面的小间内，二层朝

19号边落“望月楼”

北有挑层，与一进遥遥相对，三层前后都缩进两界做成副檐，三层方亭就位于内四界梁柱之上。它是一间歇山顶卷棚小亭，屋顶飞檐翘角，秀丽别致。小亭四面有窗，是建筑的制高点，当年，从这里四处观望，可以纵览南京城市全景。

三进为两层小楼，朝向依据地形，为坐西朝东。二层封檐板雕刻精细，内容为“琴棋书画”，底层原先还设有地窖。

大板巷46号和南捕厅19号正落建筑相通，是其附属建筑，原有四进，一、二进为两开间，院中原有食井一眼，三、四进为三开间，四进和19号五进庭院相连。

南捕厅19号建筑高大，用料粗壮，结构复杂，装饰图案多为吉祥内容，体现了富商宅第的特点。

6. 名士的雅集之所——“小园”

甘熙宅第中的后花园名为“小园”，“小园”位于宅院东南，地势北低南高，园内原有假山、水池、小桥，种植梧桐、兰花、绿竹等植物，环境清幽。园中崖峦耸翠，池水相映，深山幽壑，势若天成，津逮楼、桐阴小筑、三十六宋砖室等建筑就在园中。甘熙在《白下琐言》中多次描述“小园”的美景，其兄甘煦在《贞冬诗录》中也有多首诗提到“小园”，可以想见，当年兄弟二人在寒窗苦读之时，“小园”的雅致景色必定给了他们许多心灵的慰藉。

“小园”之名乍听似乎寻常，细细品味，却意蕴深长，与金陵甘氏儒雅谦

修复后的“小园”

恭的家风相合。“小”的意思是细微的事物，其中又有自谦的意思，还可引申为小中见大、大中见小，一为千万、千万为一。《周易》中有“其称名也小，其取类也大”之句，意思是以少喻多、以小喻大、以个别喻一般。“小园”是甘福父子读书、休闲之所，文坛领袖姚鼐以及孙星衍、程春海、何绍基、朱绪曾等名士常与主人在此雅集。

“小园”的建造者是清代著名造园名家戈裕良。戈裕良被喻为“叠山大师”，南京著名的五松园、五亩园，苏州的环

秀山庄都是其所作。他所造假山，使人恍若登泰岱、履华岳，入山洞疑置身粤桂，曾创“钩带法”，使假山浑然一体，既逼肖真山，又可坚固千年不败，驰誉大江南北。据载，“小园”中的假山结构天成，大小不同，各具胜趣，仿佛姑苏狮子林景象。

咸丰三年（1853 年）春，太平军攻占南京，甘熙宅第遭到最为严重的破坏，津逮楼、三十六宋砖室等建筑均遭焚毁，

“小园”维修过程中发现的太湖石和砖雕构件

“小园”亦被毁坏。同治三年（1864 年），清军收复天京（南京），甘熙宅第又遭战火。同治四年（1865 年），清政府成立江宁善后总局，甘延年之子甘鳌代表各房族人重新申领了房屋执照，甘氏族人回到祖宅后，同心协力，整理屋舍，建筑又陆续恢复，但“小园”及其中的津逮楼、三十六宋砖室等建筑一直未曾复建。

民国时期，“小园”日渐荒废，但园中仍有茅亭、水池、假山等遗存，五、九房的甘浏、甘法兄弟，还经常邀请好友在南边的空地打网球。1951 年，甘家将祖宅卖与军事学院，此后，甘熙宅第沦为大杂院，“小园”中的空地大部分盖上了房屋，假山被运走，池塘被填埋，茅亭被拆除，当年秀丽的私家花园已面目全非。

2006 年 6 月，甘熙宅第二期修缮保

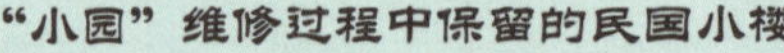

“小园”维修过程中保留的民国小楼

护工程启动，“小园”得以修复。如今的“小园”假山叠翠、游鱼戏水、回廊环绕，一派清新气象。北园块石铺地，高大的津逮楼耸立其中，楼前平台开阔，两株参天古木郁郁葱葱。南园绿地平远，峰石花卉点缀其中，临水的方亭造型舒展，“小园”的匾额就挂在亭上，这里已成为游客小憩的绝佳去处。

7. 地学家的建筑哲学

“甘熙宅第”的建造者甘福幼时就聪慧敏捷，后虽因家贫弃学从商，但仍勤于读书和学习，专心于地学研究长达四十多年。他在搜集津逮楼藏书的过程中，就十分注重堪舆地理类书籍的收藏和整理，先后搜集了晋代郭璞的《葬经》、唐代曾文辿的《寻龙记》、宋代司马头陀《寓形论》等八种有关风水的书籍，加以校订，并刊刻出版。他本人亦曾遍访古今有名的墓葬，并将所见所思写成《钟秀录》一书。

受到甘福的影响，其子甘煦、甘熙，

侄甘元焕等都精于地学研究，特别是次子甘熙，自幼遍读津逮楼所藏地学书籍，并经常得到父亲的传授和指教。道光十八年（1838年）甘熙得中进士，此后多年在京为官，因其少习家学，精于勘舆之术，为同僚和皇帝所倚重。道光二十九年（1850年），嘉庆帝的孝和睿皇后去世,不久道光帝驾崩，咸丰帝继位，甘熙奉旨为孝和睿皇后选定了昌西陵地，并因功升为四品道员。其后，甘熙又和王公大臣勘察成子峪、魏家峪、平安峪,为咸丰帝选择万年吉地。

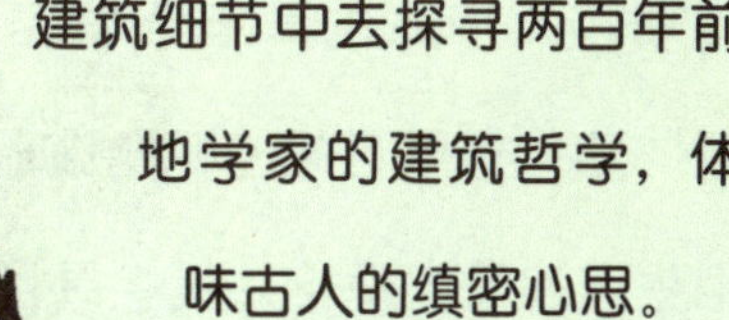

五行生克关系图

作为精于地学的甘福父子，为了家族的兴旺，在营建家宅之时必定是经过一番深思熟虑的，让我们从甘熙宅第的建筑细节中去探寻两百年前地学家的建筑哲学，体味古人的缜密心思。

中国人历来就认为住宅的营建是关系到家族兴衰，子孙昌隆的大事。建宅首先就是选址、择向，其中朝向的安排非常重要。中国南方民居的朝向一般采取坐北朝南，它有利于采光，符合中国人“负阴抱阳”的居宅理念，而甘熙宅第的朝向却悖异于此，在四组建筑中位于南捕厅的三组是坐南朝北，位于大板巷42号的一组是坐东朝西。

中国传统风水学以“天地合一”、“阴阳相克”、“五行相生相克”为原则。以“福元法”、“大游年法”、“穿宫九量法”、“截路分层法”等来择地、

相宅。其中运用最多的就是“阴阳五行”法。甘熙宅第的朝向设置符合五行相生克的风水理论，其主要目的就是防火。“五行”是指金、木、水、火、土，是古人认为五种能为人们所利用的物质，它与天象对应。五行又和方位、八卦等相配。在风水理论中，北方属水，对应八卦中的坎卦；南方属火，对应八卦中的离卦。大板巷 42 号大门朝西，在“先天八卦”方位中，仍为坎卦。因此这样的朝向设置可以生水、避火，以防祝融之灾。在《白下琐言》中有这样一段记载，甘福和甘熙就讨论过类似问题。甘熙听说天一阁在书架间藏“春册”以避火，他认为这种做法没有依据，是人们的误传。甘福同意甘熙的想法，认为天一阁北边有假山、水池，并累石成坎卦形状，取生水之义，这非常有道理，以后建津逮楼时，宜北向。此外，甘福还一改丹阳“有相堂”的家谱排序，将家族后人以“火、土、金、水、木”五行排辈，取五行相生之义。从以上可知，甘福父子在风水理论中，十分注重“阴阳五行”法。

除了朝向外，甘熙宅第在布局、结构上都有风水学说的痕迹。按照风水中

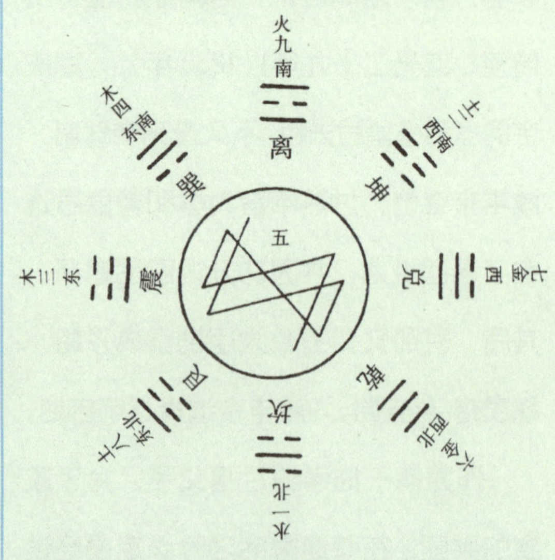

后天八卦方位图

"大游年方位"的说法，坐南朝北的房子叫离宅，在方位上北是吉位，宜开大门，而东及东南是大凶，不能安排房屋住人，因此，宅院中的花园就设在东及东南边。不知是不是巧合，甘熙宅第经过两百多年风雨依旧安然无恙，而花园中津逮楼、三十六宋砖室等建筑却在建成后不久，就毁于战火之中。

当我们从宅院的任何一个大门，往后进走，会发现每往后，地面高度就会抬高，至大厅为最高，后宅房屋和大厅地面高度相同。东南部的花园有小土山，为全宅最高。这样的设计除了雨天不会淹水的功能外，就是风水中择地原则的体现。风水中有"前高后低，长幼昏迷"的讳忌。因此"前低后高"成为建宅的原则，这样还有"步步高升"的吉祥寓意。

甘熙宅第属于江南多进穿堂式建筑，每进房屋的大门都应在同一轴线上，可是我们仔细观察会发现，门的设置非常奇怪。南捕厅 17 号、南捕厅 19 号、大板巷 42 号三组建筑每进的门都不在一条直线上，相互错落。这些特意的安排正是风水中"气"的体现。"气"是风水学中"理气"派的中心和原则，它源于中国古代哲学思想，庄子就曾说："人之生也，气之聚也，聚则为生，散则为死。"古人认为"气"是沿直线运行的，如果所有的门均在一条线上，"气"太盛，会漏掉，影响主人的运气，因此要以"偏正为第一法"。南捕厅 15 号的六进主落建筑的大门虽然开在一条线上，但是，中间设有三道屏门阻挡"生气"。此外，后进跑马楼天井设计、院内水井的设置、庭院内四水归堂的结构都有风水学说的痕迹。

8. 内涵丰富的建筑装饰

中国传统木构建筑的装饰有两种形式，一是本身的结构之美，严谨精巧的穿斗结构，弧线优美的轩，体现出的是一种韵律美。另一种是形式之美，它体现在对每一个建筑构件的美化装饰上。甘熙宅第的建筑装饰手法多样，装饰风格简洁明朗而不失精巧，沉穆大气而不乏细腻，不同于北方的壮硕豪放和南方的奢华繁复，它浑厚洗练、秀丽健劲。

19号外墙“福字”砖雕

甘熙宅第建筑装饰题材中运用最多的是丰富多彩的吉祥图案，在每座建筑的隔扇门夹堂、裙板、砖雕门罩、梁枋随处可见。此外，中国人传统的宗法观念、伦理教化在装饰中也都有表现。

甘熙宅第的大门形式比较简朴，南捕厅15号、17号、大板巷42号大门是石库式墙门，它是在临街门厅正中开宽约一米，高两米多的门洞，门框为石质，搭建形式是门洞两边立石柱，柱头上搁雀替，雀替上置上槛，雀替上有平雕的花草纹，装饰简单。南捕厅19号的大门形式是门罩式墙门，做工精致，较为气派。门罩为两柱垂花门式，分为上下两个部分，下部两边为方砖贴面的流柱，流柱

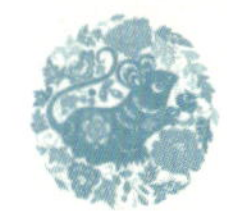

下有礅墩，门洞两边是磨砖对缝的鱼腮墙，墙下有雕工细致的石勒脚。门洞上有石质上槛，门洞左右有砖雕雀替，雕饰草龙图案。门罩上部有两道青砖贴面的横枋，枋间有半圆形的浑面和缩进的束编细作过渡，束编细是装饰的重点，雕刻有精细的缠枝菊花纹。砖枋之上为定盘枋，雕刻卷草纹图案。定盘枋之上由几层青砖承托出檐，檐口两边有砖雕博风。檐口之上为翘角屋脊，角部有砖雕的花草装饰。

19 号大厅隔扇

甘熙宅第的隔扇门一般安放在建筑的明间檐柱间，厅堂则全部为落地隔扇门，一樘四扇或六扇。隔扇门从上至下由上夹堂、心仔、中夹堂、裙板、下夹堂组成，心仔、中夹堂和裙板是隔扇门装饰的重点部分。下夹堂采用锓阳的手法雕刻如意或花草，上夹堂则透雕花卉或螭龙图案，中夹堂和裙板剔地起突雕刻精细的纹样，内容十分丰富，纹样有“暗八仙”、“佛八宝”、“莲花”以及“洪福齐天”等寓意吉祥的图案。裙板雕刻内容有“团寿”、“如意”、“瓶

花”以及博古、戏曲故事、神话故事、儒道典故等内容。心仔的形式也十分丰富，有冰纹、井字嵌凌、灯景、海棠凌角式、书条嵌凌等。窗有和合窗、槛窗、横风窗、漏窗、墙窗五种形式。和合窗的心仔与隔扇门类似，样式丰富，有梅花冰裂纹、夔式穿花等。槛窗下有半墙，其结构、装饰和隔扇门相似，但只有上下夹堂和心仔。横风窗装饰比较讲究，除了做成棂条花格的式样外，运用最多的就是做成透雕夹堂板的形式，装饰内容有“八仙人物”、“团寿”、“二龙戏珠”、“福禄寿三星”、“富贵牡丹”等。漏窗开在花园的墙垣之上，又称漏墙，

17号大厅横风窗上的木雕“八仙”

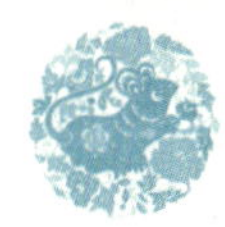

15 号花厅院墙上的漏窗

窗洞之中用砖、瓦搭建各种中空的图案，十分美观。最后是开在房屋墙体上的墙窗，六角形，上有青砖做成的窗楣，窗框用砖细装饰，有可开启的窗扇，十分别致。

梁枋构件形状的装饰美化主要体现在厅堂建筑上，在甘熙宅第中，厅堂以外建筑的结构部分一般不做处理。因为厅堂是建筑的中心，是民居建筑中的礼制性建筑，所以它的构建和装饰是最高规格的。

厅堂建筑的内四界梁架是装饰的重点，梁为扁作直梁式，用料都很硕大，梁体一般都有复杂的雕饰，童柱基本上简化为装饰性较强的坐斗，坐斗两边都有卷云形状的梁垫，正脊坐斗两旁

19 号大厅内的轩梁

有角背，雕刻鳌鱼、草龙等图案。四界大梁和双步梁与立柱连接处均有梁托，梁托多采用透雕的方法雕刻花卉和寓意吉祥的图案。

17 号大厅单步梁

17 号的抱头梁

梁架部分的另一个装饰重点在轩和廊。大厅的前部一般为轩，后为廊，距离为两步架，有抬头轩和磕头轩两种做法。轩本身就是一种装饰性的屋顶结构，甘熙宅第厅堂建筑的轩多数为船篷轩和鹤颈轩。后廊装饰主要体现在眉梁（单步梁）的造型上，如 17 号大厅的单步梁被雕饰成如猫身的曲线形状，此外抱头梁的出挑梁头也被装饰成鱼嘴形。

铺地材料主要有砖、石两种，室内地坪以方砖为主，大厅方砖尺寸约 40 厘米见方，其他房屋铺地砖略小。甘熙宅第院内铺地主要为小青砖和条石，小青砖侧砌成拐子锦、柳叶斜裁的样式。在花园、花厅的院内，则用卵石铺成锦纹、寿字、福字等图形。

天花的装饰比较简单，厅堂建筑为“露明”，梁架暴露在外，椽子间铺望

15 号书房前的鹅卵石地面

砖或望板。单层房屋一般都有天花，做法是用木板满铺，做成两头向下弯曲的船篷顶的形式，楼房上层则露明梁架，底层为木板平顶天花。为了不使二层的地板、密肋和一层天花的断面露在外面，因此在底层的檐口有一块封檐板， 封檐板雕饰精美，内容有“琴棋书画”、“六（鹿）合（鹤）同春”等。

17 号四进封檐板雕刻“六合同春”

19 号边落栏杆

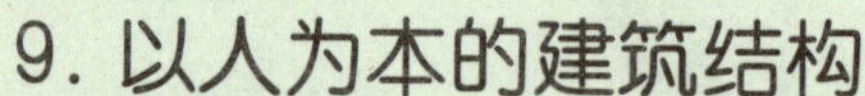

9. 以人为本的建筑结构

当我们走进甘熙宅第，穿行在宛如迷宫一般的院落之中，不禁产生这样的疑问：甘熙宅第历经两百年风雨安然无恙，从未发生火灾的原因真是由于风水的缘故吗？甘熙宅第真的如老住户讲的那样冬暖夏凉吗？甘熙宅第如何解决防潮通风问题呢？甘熙宅第真的不怕地震吗？要回答这些疑问，就必须在宅院的建筑结构中寻找答案。

中国传统木构建筑早在新石器时代就已发端，至今已传承数千年，历代的能工巧匠在建筑技术的发展上都倾注了自己的心血和智慧，很早就形成了一套完备的建筑体系。传统木构建筑绝不只注重外在的美观堂皇，在使用功能方面也考虑得十分周到，甘熙宅第中就有许多这样精巧的设计。

【防火、防盗】

防火是古人建宅最重视的问题，因为传统建筑的主体是木构，一旦发生火灾，就无法挽救。甘熙宅第在营造之初，主人就在风水方面有所考虑，但真正发挥作用是建筑的防火设计。

甘熙宅第中传说有大小 35 个院子，实际有院 45 个。院落的进深要比徽派建筑的院子大很多。大厅后砌有高大的后沿墙，将内外分开，每进房屋原先都有高过屋脊的马头墙，这样，一旦某一栋房屋发生火灾，可以阻隔火势，不会波及邻近房屋。庭院之中还有众多的水井，传说有井 32 口，目前，发现的水井有十多口，有的在庭院中，还有的就在室内，

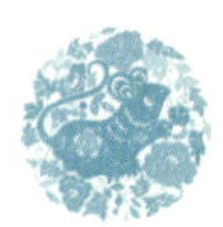

高大的马头墙

房屋均有腰门通向备弄，它其实就是一条消防通道。四组建筑的后进房屋都通向东南角的花园，这些设计可以在发生火情的时候，及时疏散人员。此外，对最容易发生火灾的厨房，也作了充分考虑。每组建筑的厨房都设在最后，与前进房屋之间有较深的院落或高大的院墙甚至是屋檐口。水井除了供饮用外，重要的功能就是提供救火的水源。过去在没有水井的院落中还备有储水的大水缸，同样是为了防火。

甘熙宅第由四组"九十九间半"组成，房屋众多，布局合理有序，建筑呈纵向排列，大门都开在每进房屋的中间，前后串联，横向则有腰门相互连通，每一个院子几乎都有前后左右四个通道。每组建筑中都设有备弄，备弄是一条狭长的通道，两边有高大的院墙，左右两落

备弄

相隔。使用上有专人负责，并有专门堆放柴草的房间。

甘熙宅第位于居民聚集区，身处闹市，在防盗方面没有过多的讲究，但一般盗贼却也难入其内。首先，四组建筑出入口少，如南捕厅15号、17号两组建筑都只有一个大门，出入都必须经过大门，大门的板门宽大厚实，17号的板门还用铁皮包裹，既防火又防盗。其次，宅院四周都是高大的院墙，大厅后的后沿墙高度更高，墙壁没有任何可以依附之物，贼人很难通过人力翻越院墙，即使进入宅院之内，众多的庭院、腰门、备弄也会使贼人晕头转向，进得去，出不来。

【防潮、通风】

南京地处江南，多梅雨，而传统建筑又是木构，最怕潮湿。防潮、通风主要体现在地面和立柱的处理上。甘熙宅第中每组建筑地坪均为前低后高，除了风水中“步步高升”的用意外，防潮也是重要原因，这样处理可以使宅院内不会积水，不会产生潮气。甘熙宅第现存房屋共42栋，有立柱千根，每根立柱下都有各种样式的石质柱础，有效地阻隔了地面潮气。

甘熙宅第的厅堂建筑地面铺设方砖，后进住宅明间铺方砖，两边是地板。厅堂地面的铺设非常讲究，采取的是“响殿”作法。即在方砖四角倒扣花钵，每四块砖交接于花钵之上，交接处用灰泥粘接找平，用这种工艺铺设的地面，丝缝合密，平整如镜，走在其上，有回音叮咚，其主要功能还是防潮通风，这种工艺现在已经失传。后进地板的铺设是这样处理的，柱下垫有砖或青石，地楞下也垫

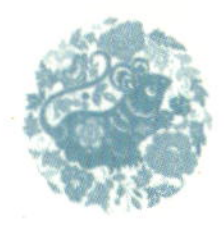

19 号轿厅“响殿结构”

板壁下的通风孔

有青砖，地板铺设好后与实际地面有半米的空间，便于防潮，同时还在南北墙或板壁根部留有通气的孔洞。

【纳凉、保暖】

老南京都知道，城南的老房子冬暖夏凉，接“地气”，住得舒服。在甘熙宅第的建筑构造中确有许多这方面的独特设计。

在大厅对面的后沿墙或者是内宅对面的院墙上，我们会发现许多这样的结构，有许多对称排列的小孔洞，两排或三排，孔洞都用砖雕装饰，有桃、如意、柿子等形状。它并不是简单的装饰物，仔细观察，会发现它对面建筑立柱上与

院墙上插竹杆的孔洞

之对应的位置有一个木质构件，上部开有榫槽。过去在夏季高温时，就用竹竿一端插入孔洞，另一端卡在木构件的榫槽内，再在竹竿间搭上芦席，遮阳纳凉，有时在婚丧喜庆活动时也搭起凉棚。

宅院内水井的安排也十分有趣，除了院中的井外，室内也有许多口井，目前发现的室内水井有三口。室内水井都较小，有石井盖，井盖上留有透气孔。它能起到土空调的作用，调节室内的温度。

甘熙宅第朝向为坐南朝北，房屋南边一般都有沿墙，有效地阻止了夏季阳光的直射。同时房屋和天井的比例关系设计得非常恰当，夏季高温时，天井的阳光正好被后进的房屋遮挡，使天井始终保持阴凉。

室内水井

多进穿堂式的建筑结构也可以起到很好的通风纳凉作用，如南捕厅 15 号正落建筑，前后六进，在一条轴线之上，后进内宅中间是过道，南京人称为“堂屋”，明间门扇全部开启后，从大门直通后进，形成所谓的“穿堂风”。内宅小楼之上，前后均有门窗，开启后，同样凉风习习，使人倍感清凉。此外，庭院之中的植物也能起到很好的遮阳效果。

在保暖方面，厅堂建筑中多是前轩后廊，大板巷 42 号更是前后有轩。轩梁上有草架，形成两层屋顶，从而能起到保暖作用。后宅中的跑马楼结构也有很好的保暖效果。跑马楼是指两进楼房，有厢房相连，楼上围绕天井一圈是走廊，好似跑马场一般，因此称之为跑马楼，南捕厅 17 号内宅就是这种结构。跑马楼的天井十分狭小，可以聚气保暖，楼上外是推窗，里有隔扇，住在其中，确有“冬暖夏凉”的感觉。

【避水、抗震】

每到夏季，南京常有暴雨，很多地方常被水淹，可是非常奇怪，甘熙宅第却从来不会存储雨水，再大的雨，很快就会渗入院中，化作无形。在甘熙宅第的修缮过程中，建筑专家也曾进行细致的考察，却未发现地下有排水管道。比较合理的解释是，宅院众多的水井形成一个地下排水系统，庭院中有暗沟，庭院的地面多数是用青砖铺设，砖下是沙子和泥土，雨水能很快渗透到地下，再流入到地下水系中。

在每进房屋檐口两边院墙上有长方形的方孔，这是南京“九十九间半”建筑较为独特的结构，它的作用是引水槽。屋檐下有金属扣件固定住挡水槽，挡水槽用木或铁制成，两端搁在引水槽上，雨水就从槽两边的院墙落下。

甘熙宅第的所有建筑均是木构建筑，建造时先是搭建木屋架，再砌空斗墙。墙体并不起结构作用，榫卯结构的梁架结构牢固，同时又有很好的韧性，因此能抵抗一般的地震灾害，就是所谓的“墙倒屋不塌”。

屋檐口的引水槽

三、珍闻轶事：甘氏宅门中的历历往事

1. 甘氏祖脉溯渊源

甘氏家族为南邦巨族、江南甲姓，以藏书、文学、地学闻名。江宁丹阳，是金陵甘氏有史可考的祖脉发源地，至今其祖墓犹存。同姓族人，围墓而居近两千年，家族传承有序，现存于甘村的六块石碑，记录了“友恭堂”先人不忘先泽，修墓建祠的孝行，其嘉言懿行令人敬仰。

江宁区丹阳镇甘村

甘熙宅第中曾有“武丁旧学，典午名家”的门联。它道出了金陵甘氏的两位始祖。“武丁旧学”指的是甘姓始祖甘盘。殷商中兴名主武丁，年轻的时候，曾就学于甘盘。后来武丁继位，便礼聘甘盘为相。这位被后世推崇为贤相的甘盘，便是甘姓的始祖。《姓纂》、《姓谱》等书都载：“甘，武丁臣甘盘之后”。故甘氏后人尊甘盘为甘姓的始祖。

“典午名家”指的是东晋大将甘卓，“典午”意为司马，原指司马之官职，后因晋帝姓司马氏，所以用“典午”暗

指晋朝。公元322年，湖北梁州刺史甘卓因不肯反叛，为王敦所害，后王敦谋反事败，晋明帝司马绍始知其忠义，便追封其为“骠骑将军”，谥曰“敬”，后人称之为“于湖敬侯”。

“甘熙宅第”祖宅的大门之上，还有这样一副对联：“于湖世泽，渤海家声”。“渤海”指西汉时所置的渤海郡，相当于今河北省、辽宁省的渤海湾沿岸一带。“于湖”则为今南京江宁区丹阳镇，它是金陵甘氏的祖脉发源之地。

甘卓墓旧址

江宁区丹阳镇，地处苏皖交界处，是著名的古镇。秦始皇三十七年（公元前210年），始皇出巡，过旧时吴楚之间的咽喉要地丹阳（今江宁区丹阳镇），见其地多赤柳，于是即称“丹杨”（丹即赤），并置丹杨县，后因“杨”通“阳”，汉晋以后逐称丹阳。甘卓死后，墓地就在丹阳镇横山之阳的甘泉里，又称甘墓岗，甘卓后人亦举家东迁，并在甘卓墓旁围墓而居、守墓尽孝。明崇祯年间（据甘煦、甘熙撰《梦六府君（甘福）行述》），一支甘氏族人离开祖居地小丹阳甘村，进入城内，开始以务农、经营田产为生。乾嘉之际，南京丝织业大盛，甘国栋（遴士）率子行商，经营“剪绒、江绸、贡缎、棉纱、布帛”，经过几十年、两代人的努力，家境逐渐殷实。入城以后，甘家

先居东花园，东花园在苑家桥，今白鹭洲，是明初徐达的东花园。嘉庆初年甘国栋在时称府西大街的南捕厅买下一块宅基地，开始营建房屋，嘉庆己未（1799 年）正式迁居于此，并取堂名曰“友恭堂”。

南捕厅 15 号大厅——友恭堂

2. 友恭家训代代传

从南捕厅 15 号大门过门厅，出墙门便是甘熙宅第的大厅——“友恭堂”。“友恭堂”质朴、文雅，正如甘家的友恭家训一样，儒雅谦和。友恭堂不仅仅是南捕厅 15 号大厅的名称，它其实是南捕厅甘氏的堂号，也是整个宅第、家族的共同称谓。

在甘家迁来南捕厅之前，其堂名为“施敬”，其典出于《礼记 · 檀弓下》，意思是施行庄敬之教，使人知礼教，以达到人和人之间恭让、忠信的目的。至甘国栋时，父子以经商为业，家境逐渐殷实，家族也枝繁叶茂。多年为商的经历，加上嘉庆年间内乱不休，社会激烈动荡使甘国栋切身感受到社会政教无常，人多失节，唯有一脉相承的手足兄弟最为可靠，于是为了区分宗族、训勉后代子孙，便在“施敬”的基础上，为家族的“长治久安”衍生出“友恭”的主张。

“友恭”既是南捕厅甘氏的堂名，又是甘氏族人历代遵循的家训。“友恭”二字源于《三字经》，“友恭”的意思是家族之中、兄弟之间应上友下恭，兄应爱其弟，弟则敬其兄，延及父子长幼之间同样如此，这样便能父慈子孝、兄弟和睦，从而产生家族凝聚力。甘家原先的“施敬”反映的是儒家的“礼”，“友恭”的根本则是儒家的“孝”，大厅中悬挂的“友恭堂”匾额和“孝义传家政，诗书裕后昆”的对联上下呼应，点出“友恭”的真正内涵。

2001年盛夏，甘熙宅第保护工程一期搬迁工作刚开始，居住于南捕厅15号二进的一对老年夫妇收拾家什时，意外发现了衣橱背后嵌于东墙的两块题为“江宁甘氏友恭堂记”的碑石。碑文成书于清嘉庆十七年（1812年）冬月，由长洲人（今苏州）王芑孙撰写，金陵刘文奎镌刻而成。碑文字体遒劲工整，清晰可辨。“友恭堂碑”的发现，印证了“友恭堂”的存在，以及甘氏家族世代以“友恭”为家训的历史。

碑文五百余字，记载了甘国栋教子

2001年夏，“江宁甘氏友恭堂记”石碑在居民家中被发现

有方，作堂名曰“友恭”的事迹，并点出了“友恭”的精髓，“余惟友恭皆本于孝，先王所以上治祖祢，下治子孙，皆孝之达也……是则上治下治，皆举之矣。诚所谓至德要道之揔也。”他认为“友恭”的根本就是儒家的孝道，履行孝道是最美好的道德和最精要的道理。碑文还记载了素有“孝义”之称的甘国栋长子甘福在江宁小丹阳修造祖墓，并围墓而居的史实。碑文作者王芑孙，字念丰，号惕甫，是乾隆年间举人，此人喜结交公卿，性格孤傲，“不肯从谀，人以为狂”，就是这样一位“狂人”，对甘国栋父子的仰慕却是由衷的，碑文有载：“余虽未及登甘氏之堂，遊遴士父子间，挹其仪范，聆其话言，独观其名堂之意，固已想见其风流矣”，足见甘家当时之影响深远。

“友恭堂”不仅仅是甘熙宅第中的一栋建筑物，它还是这座大宅院的灵魂，是家族精神的象征。当年，这里是族中长辈议事、接待宾客，举行婚丧、节庆、祭祀等重大活动的场所。据甘氏后人讲述，在岁时祭祖之时，堂内高悬各代祖先大幅遗像，下置香案供桌和祭品，所用的器物皆有“甘氏友恭堂”的款识。族人按金、水、木、火、土的排辈，分批叩拜，各人神情严肃庄重。没有取得功名的子孙，祭祖时只能在友恭堂外的露天院中叩拜，只有取得功名的子孙，夫妻方可入堂双双拜祖。这则传说，一是反映出祖辈教化激励子孙奋发上进有方；二是说明了“友恭堂”在甘氏子孙心目中有着崇高的精神地位。

数百年来，“友恭”精神被甘氏家族历代先祖奉为治家、为人处世、行为举止的灵魂和准则。在以“友恭”为纲的家训下教化出一代又一代被当时邻里誉为学有所长、家风儒雅的后世子孙。如甘国栋长子甘福，称之为孝义先生，道光十八年受旌表，塑像入金陵忠义孝悌祠，时人赞其以礼事亲、慷慨好义、乐善好施。甘福弟遐年、延年，虽都以经商为业，却都注重自身修行，以孝事亲、乐于行善、史册留名。延及甘煦、甘熙、甘元焕均为一代名士，为文化之传承做出卓越功绩。其后辈子孙皆以读书行善为本，成为南京著名的文化世家。

如今，甘氏族人早已搬出祖宅，迁居各地，除南京外，四川、上海、浙江皆有其子孙，族人仍以“友恭堂”后人自居。家族中历代奉行的“友恭”家训依然勉励着每一位后人，儒雅、严谨、忠厚的家风历代传承。

癸未年（2003 年）正月十五元宵节，甘氏 108 位宗亲在“友恭堂”前聚会，缅怀先祖广行善事、教化子孙、厚积仁爱、世传家风的美德，虽经沧海桑田，然而族人之间的亲情，兄弟、夫妇、姐妹、长幼、姻亲，依然有着祖训“友恭”的深深烙印，维系着血缘的一脉相承。在当今社会，“友恭”

友恭堂祭器（甘桂捐赠，现藏南京市民俗博物馆）

2003年元宵节，甘氏后裔团拜会

精神仍具有现实意义，他是中国传统文化中的精髓，是维系家族和睦，社会和谐的“至德要道”。相信游人在参观甘熙宅第、聆听族人的“友恭”事迹后，定会有所启迪。

3. 藏书万卷津逮楼

在甘熙宅第之中，最为著名的建筑无疑是津逮楼了。津逮楼是当时南京最大的私人藏书楼，其中除有宋元明清历朝的古籍善本外，还藏有三代彝鼎、金石书画，可谓是一座文化宝库。晚清著名文人陈作霖《运渎桥道小志》记：“南捕厅过厅迤南，甘氏之宅在焉。系出敬侯，世绵孝义，南邦巨族，簪笏相承，江宁之甲姓也。宅中旧有津逮楼，缥缃彝鼎充栋，庋藏千顷五车差堪为匹。” 这里的“千顷五车”是指金陵豪门巨富晚明黄虞稷的“千顷堂”和万历状元焦竑的“五

车楼”，焦、黄两家是金陵有名的藏书世家，由此可知甘氏藏书之富。

津逮楼为甘熙之父甘福所建，楼成于清道光十二年（1832年），却在咸丰三年（1853年）毁于太平天国的战火之中，楼中所藏金石彝鼎及大半藏书尽毁。虽然它存世仅21年，却在南京文化史上写下浓重一笔，在清嘉道间，津逮楼藏书执南京私家藏书之牛耳，至今仍为学人凭吊景仰。

甘家在嘉道间虽以经商起家，但祖辈都是读书之人，发家之后，更是要求家族子弟以读书为首业，因此藏书教子成为治家之道。甘氏藏书，虽在甘国栋（遴士公）在世之时，已经开始经营此道，但主要还是其长子甘福所为。甘福，字德基，号梦六，生于乾隆三十二年（1768年），卒于道光十四年（1834年）。甘福年幼时就聪颖敏捷。后虽因家贫，不得不弃书谋生，但对古籍、文物的爱好、收藏，终生不改。家境殷实之后，更是不惜财力，费心搜罗，除捐资行善之外，家中积余，尽用此业。他自二十余岁就开始收藏，历时四十年，终成收藏大家。

甘福的藏书原先藏于甘熙宅第后花园内的桐阴小筑，桐阴小筑是甘福父子

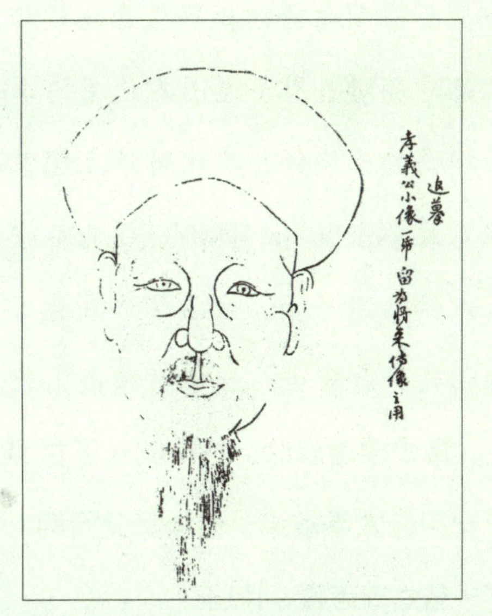

孝义先生甘福像

的书斋，甘熙曾在此写下十卷《桐阴随笔》。后来由于甘福收藏的古籍善本越来越多，原先的书斋已无法存放，于是甘福在宅之东南隅筑楼五楹以藏，清道光十二年（1832 年），津逮楼落成。甘福欣喜之余，自题二律云：

吴山越水几遨游，四十年来费苦搜。
插架非徒供秘玩，研经愿与企前修。
香薰芸简频收拾，夜爇兰膏细校雠。
从此老怀堪告慰，左图右使复何求。
层楼高处乐倘佯，珍比琳琅七宝装。
积卷敢夸东壁富，披函好趁北窗凉。
云烟供养邀清泽，金石摩挲发古香。
为语儿孙勤守世，此中滋味最悠长。

津逮楼落成时，甘福的长子甘煦正在安徽任太平教谕，他步其父元韵，作了一首七律志喜，诗曰：

楼居便抵海山游，津逮相将秘籍搜。
此室未应容易入，读书曾识几生修。
四编部类分题识，五夜丹黄细校雠。
却愧风尘多废学，归田他日好研求。

“津逮”二字，典出于《水经注·河水》：“河北有层山，其下层岩峭，壁岸无阶，悬岩之中多石室焉，室中若有积卷矣。而世上罕有津逮者，因谓之积书岩。”意指求知的入门之路。

楼成以后，甘福又请钟山书院主讲程春海题匾“津逮楼”和“保彝斋”，并请丹徒张葆岩绘《吴越载书图》长卷，名流题咏殆遍，盛况空前，堪称文坛佳话。

对于费心搜罗的藏书，甘福十分珍惜，楼成之后，他曾亲订训约，不准私自借书下楼。但是家族子弟，甚至是亲朋学友，经过允许，还可借出。这大大发挥了津逮楼藏书教子，惠及乡邦学子的作用。当时的名士朱绪曾、陆心兰等

曾为著书到津逮楼借阅藏书。

甘福父子藏书过程中，尤其重视乡邦文献的搜集整理，津逮楼中收藏的南京地方文献相当丰富，如有唐代许嵩《建康实录》二十卷，宋代陈彭年《江南别录》一卷，郑文宝《江表志》三卷，张敦颐《六朝事迹类编》二卷，周应合《景定建康志》五十卷，元代张铉《至正金陵新志》十五卷等，总计有四十多种，其中不乏孤本秘籍，如明代盛时泰的《棲霞小志》即为孤本。甘福去世后，津逮楼传至甘煦、甘熙兄弟，他们同样是嗜书之人，甘熙更是利用津逮楼所藏，编写了南京地方文献的经典之作——《白下琐言》。

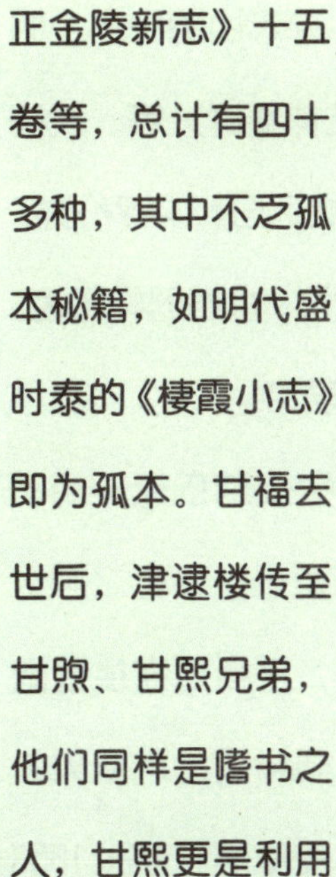

复建的津逮楼

津逮楼的另一功绩就是刊刻书籍，甘福虽在津逮楼落成两年后离世，但其子侄、族人仍继续着藏书刻书的事业，直至清末，津逮楼陆续整理出版了许多文献典籍。如刊刻了家藏孤本明代盛时泰的《棲霞小志》、校刊了宋版的《建康实录》、以及《金陵诸山形势考》、《金陵水利论》、《津逮楼地书九种》、《金陵忠义孝悌祠传赞》、《帝里明代人文略》等。

甘福父子除了藏书之外，还喜好收藏古物，尤喜三代彝鼎，每获之，必仔细鉴赏，遇有铭文，便查阅古籍，以相考证。当年津逮楼楼上藏古籍善本，楼下即是金石书画。据《白下琐言》载，

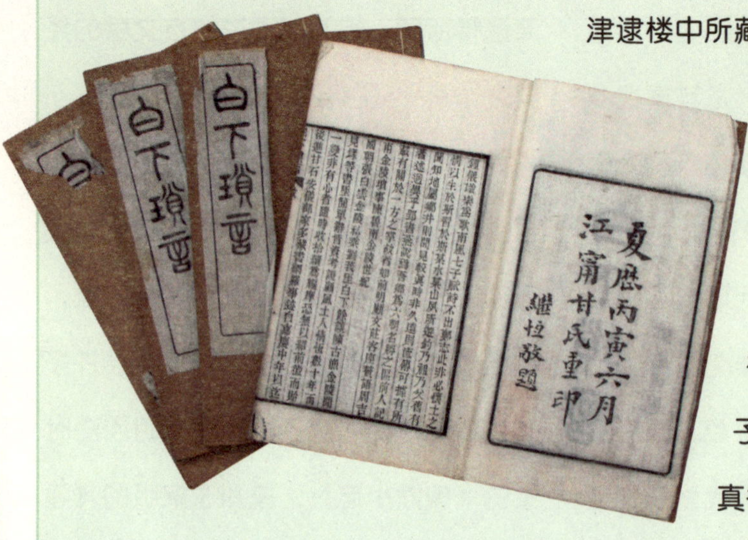

民国版《白下琐言》

津逮楼中所藏金石彝鼎有：宣德炉、纪伯钟、周楚公钟、父甲尊、紫檀小鼎、晋于湖敬侯印、晋甘敬侯剑、汉鑑、元铜簋、汉铜壶、父癸爵、祖丁爵、父甲爵、父乙爵、子孙父癸爵等。书画有吕公真书、程春海书札、周崑来《待渡图》、龚志山的山水、明拓《天发神籖碑》等。民国学者卢前在他的《冶城话旧》中评价说："甘氏富收藏，曰津逮楼，金石器物最著，不亚于吴门潘文勤祖荫也。"

津逮楼建筑仿自宁波范氏天一阁。上下各五开间，坐南朝北。五行之中，北属水，取避火之意，甘福还在楼壁间用砖镶成坎卦六象，同样是生水避火。然而，天不遂人愿，在咸丰三年（1853

年），太平军攻占南京，津逮楼及其旁的三十六宋砖室等建筑同为战火所焚。甘煦在闻此噩耗后，写下了这样的诗句：“津逮楼边风水虚，听秋阁下竹梧疏，伤心十万签题处，半付秦灰半蠹鱼”。

津逮楼虽毁于战火，但所遗残书仍具一定规模，堆积在今南捕厅 15 号大院第五进。宋龙舒郡斋刻本，三十卷足本《金石录》就在其中。甘延年之子甘元焕，名勲，同治年间举人，曾建“复庐”，想恢复津逮楼的旧观，终未能如愿。

1951 年夏，甘家将祖宅卖于军事学院，在搬出大院的同时，甘氏族人将津逮楼遗存图书尽数捐赠给南京图书馆古籍部，国宝《金石录》也几经辗转归藏于国家图书馆。

2007 年夏，甘熙宅第二期保护工程启动，南京东南大学的专家根据历史资料，仿天一阁样式，在花园东面，设计复建了津逮楼。在遭遇兵火 154 年后，津逮楼又重新矗立在“小园”之中，这真是南京文化界的幸事。正如《重建津逮楼记》所言，津逮楼的复建“为江南书香之渊源，金陵文脉之璀璨增光生色，则其功莫大焉！幸莫大焉！”

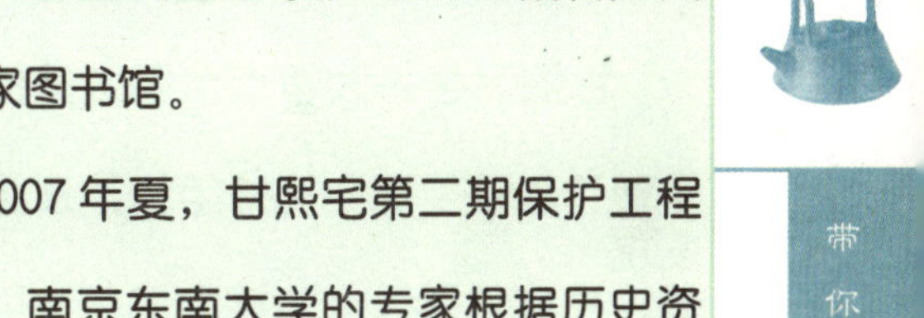

2007 年南京出版社出版的《白下琐言》点校本

4. 甘熙遗言耐寻味

甘熙（1798～1852年），甘福次子，字石安、实庵，号二如居士，清末著名方志学者、藏书家。甘熙幼承家学，后游学于桐城著名文学家姚鼐和阳湖著名学者孙星衍之门。他于道光十八年（1838年）中进士，从此步入仕途。

甘熙治学一大特点，用今天的话说是理论联系实际。他幼年饱读津逮楼藏书，并非只是纸上谈兵的书生，而是一位有见识有经验的地方官员。道光年间，南京发生水灾，很多人主张开后湖（即今天的玄武湖）、通长江，这是个只顾眼前的短视做法。甘熙根据自己的勘察，力排众议，撰写了《后湖水利考》，细述利害，从而制止了开后湖的大错。

甘熙一生博学强记，勤事纂述，与同里金鳌、朱绪曾等一起搜辑乡邦文献，证析异同，同光以前私人写志之风已盛，如金鳌之《金陵待证录》，甘熙之《白下琐言》，而《白下琐言》尤负盛名。此外，甘熙还著有《桐阴随笔》、《灵谷寺志》、《栖霞寺志》等地方志书和《金陵忠义孝悌祠传赞》、《寿石轩诗文集》、《金石题咏汇编》等文集。因其在家族中颇有名望，故其家族之宅被后人以“甘熙故居”命名，2006年6月，“甘熙故居”晋升为全国重点文物保护单位，并正名为“甘熙宅第”。

甘熙幼年饱读津逮楼藏书，精通地学，善晓堪舆。1842年，甘熙在京任郎中时，奉诏为孝和睿皇后选择陵地，咸丰二年（1852年），甘熙再次奉命复勘魏家峪、平安峪陵地。也就是在这一年，甘熙猝然离世。相传，甘熙临终前曾托托的密友带给家人一句话，即“千万不要忘记吾那张雁足镫（即‘灯’）”，但至今无人弄清其含义。而且据说在甘熙赴京前，曾有人看见七口红漆楠木棺材进了甘家大院再也没有出来，而家中当时并无人去世。据推测，清政府动辄“满门操斩”，“株连九族”，甘熙为防遭灭门之灾，他很可能把珍宝中精华盛进棺木，埋于地下，“只见棺进，不见棺出”，甘氏后裔把这八个字一代一代传了下来。后来，有人传说甘熙当时将津逮楼里的秘藏进行了清理转移，安排几位可靠的家丁将其装进棺材埋入院内地下。但是这些都只是传闻，甘家的后人至今也没有解开遗嘱之谜，也没有见到这些宝藏。

据说，甘熙曾手绘方位图，以便日后挖取，这张图名为“雁足镫图”，或许是在“雁足镫图”内隐喻其藏宝的地理方位。“雁足”可能取自南朝梁王僧孺的《捣衣诗》“尺素在鱼肠，寸心凭雁足。”和《汉书·苏武传》：“使者谓单于，言天子射上林中，得雁，中有系帛书。”这其中的“雁足”和“雁”皆有“传讯”之意；另，“雁足镫”为汉代宫殿用灯，其座刻有雁足形。综上分析，十二字遗言并非专指一物，而是寓意颇深的哑谜，很可能是一张地下藏宝方位图。“雁足镫”的传闻在清朝末年就在南京市井中传开，此

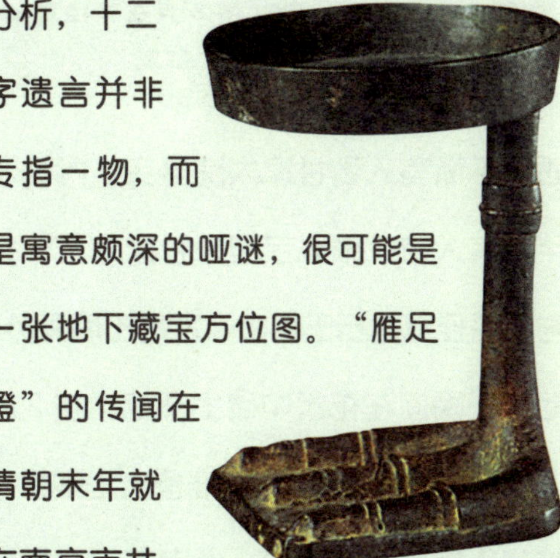
雁足灯

甘熙后人（甘煊）2007 年 8 月在曾住过的大板巷 42 号五进留影

后就不断有人到甘家大院寻宝。同治末年，有人持一张藏宝图来甘家挖宝，并与甘熙侄媳甘石氏秘密商定挖出后平分。他们于晚间在花园中破土开挖，在 2 米深处见朱红漆棺一口，正准备出土察看，被族人听到动静发现，涌向花园。挖宝人只好将棺材紧急掩埋起来。由于此后甘氏一直“富甲金陵”，老辈人又保守秘密，所以再无惊扰。1928 年，又有人持图上门挖宝，但被甘家后人轰出门外。甘家后人此后一直以“保护家中古物”为族规。新中国成立前，虽然世道纷乱，但是终无一件古物由甘家大院里流出。

到了 1948 年，甘家人决定在津逮楼旧址上建造花园，辟出一块场地给孩子们嬉戏、玩耍。工人破土动工时，挖出了不少“银元宝”，他们不动声色地悄悄运出大院。直至有一天，甘苏的姑奶奶看到箩筐异常沉重，命人上前看后，方知自家大院里还有一些“宝藏”。但是，当时工人从地下究竟挖出了多少银两，后人已经不得而知了。

根据甘熙《白下琐言》的记载，甘国栋、甘福、甘煦、甘熙祖孙三代都是嗜学慕古之人，他们花了半个世纪的时

间和心血，搜购到相当可观的珍品，《江宁府志》、《白下琐言》所记载的金石彝鼎、名人字画就有很多，甘氏一百多年从未对外卖过任何金石古器，又未见任何残存碎片外流。津逮楼惨遭兵火，楼下的金石似应留有残迹，但至今未见一件甘氏所珍藏的宝物。

2007年3月，津逮楼复建之前，根据专家的建议，专业人士对甘家的后花园进行了探查，遗憾的是，并没有甘熙提及的所谓宝藏，而且在整个津逮楼的复建过程中，也没有任何发现，或许是方位不准，或许是记载有误，甘熙宅第地下是否埋有宝藏，甘熙“千万不要忘记吾那张雁足镫” 十二字遗言到底指向哪里，依然是甘熙宅第里最大的谜团。

5.《金石录》石城历险

《金石录》，宋代赵明诚撰，共三十卷。《金石录》一书，著录其所见从上古三代至隋唐五代以来，钟鼎彝器的铭文款识和碑铭墓志等石刻文字，是中国最早的金石目录和研究专著之一。全书前为目录十卷，后为跋尾二十卷，考订精核，评论独具卓识。赵明诚之妻，宋代著名词人李清照，对金石书画也有相当高的造诣，《金石录》一书，实际是夫妇二人的合著。

《金石录》原书三十卷，在南宋时有龙舒郡斋刻本及开禧元年浚仪赵不谫刻本，皆不显于世，元明两代亦未见重刊，明代唯有抄本流传。清初，冯文昌曾藏有十卷宋刻《金石录》，因而特地刻了一方“金石录十卷人家”的图章，一时

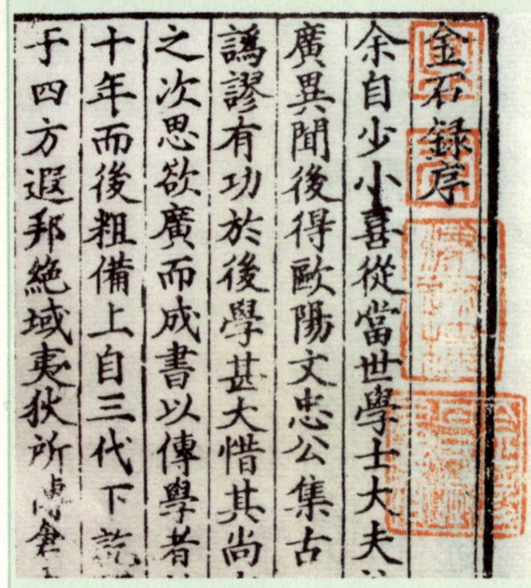
金石錄序
余自少小喜從當世學士大夫
廣異聞後得歐陽文忠公集古
譌謬有功於後學甚大惜其尚
之次思欲廣而成書以傳學者
十年而後粗備上自三代下訖
于四方遐邦絕域夷狄所

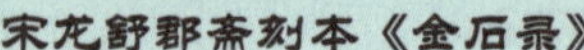
宋龙舒郡斋刻本《金石录》

传为佳话。十卷不全的宋刻《金石录》，前人已称颂备至，岂知三十卷全本的《金石录》，早就藏在金陵甘氏津逮楼中。1950年发现于津逮楼的宋刊三十卷《金石录》，被确认为龙舒郡斋本，是最好的版本。

咸丰三年（1853年），太平军攻占南京，甘氏藏书“悉成灰烬”，甘煦兄弟在此前后也相继去世。其堂弟甘元焕收拾残余，藏于自己家中，继而续收旧籍数万卷，移于复庐，并添置了一些。复庐为甘元焕的号，意在恢复津逮楼旧观，可惜此夙愿未能实现。清末民初，甘氏子侄治学渐怠，家业渐衰，藏书似乏继人，但藏书还在，由于秘而不宣，几乎为世人淡忘。近一百年中，近万卷书籍杂乱地堆积于无人居住的楼上，从来无人整理，只是初夏时节偶尔拿些出来晒晒，因藏于深宅楼阁，外族人也极少至此，所以无人知道藏书的底细，更不知有《金石录》这样的珍籍。

1951年夏天，甘氏旧宅卖与某军事单位，因为要搬家，所存两屋书籍无处可放，甘氏族人决定处理。处理前，负责处理家务事的甘汶邀请其姻亲，著名学者，前中央大学教授卢前（卢冀野）

过目。当时，卢前先生卧病在床，他便介绍书商马兴安前来看货议价。据说，马先生是从事旧书收购的。几天后，他带两人同来甘宅，一位是在水利部工作的赵世暹，另一位是在绸布店工作的朱某。

一日，甘汶外出有事，马兴安等三人又来到甘宅，见当事人不在，就径直走上后楼，挑选了一些书籍和印章，并让当时在家的一位妇女（甘元焕的曾孙媳）过了秤，每斤为二角钱（旧币二千元），付款以后，便将书籍和印章一起带走了。甘汶返家后得知此情况，觉得有些不妥，很快去找马兴安等三人。发现他们买的一堆书籍中，有一本书上有“嘉祐”字样，可惜文化不高，误以为是“嘉靖”二字，就立即赶到卢前先生家中，把这件事告诉他。卢前先生此时病得更重了，说话也费力，回答说：“嘉靖年间的书不算怎么珍贵了”，甘汶也不便多问，事情就这样过去了。

马兴安等三人挑去的书中就有三十卷的宋刻《金石录》、明万历版的《江宁县志》等珍贵典籍。赵世暹原打算挑选一些水利方面的书籍以供工作研究之用，却无意中翻找到《金石录》，马兴安和赵世暹多少知道一点古籍，见是宋版的，知道它的价值一定不菲，便准备把它卖掉。赵世暹不同意，三人争吵了一番。赵世暹回到水利部后，写了封信，连同《金石录》托人送到上海，请当时名震海内的出版家和藏书家张元济鉴定并为题记。见书上有“金陵甘福梦六氏藏”、“津逮楼”等藏印，张元济欣喜若狂，还邀请冒鹤亭等友人来寓所共赏奇宝。

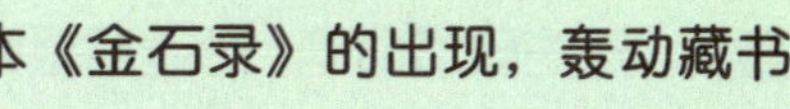

宋本《金石录》的出现，轰动藏书

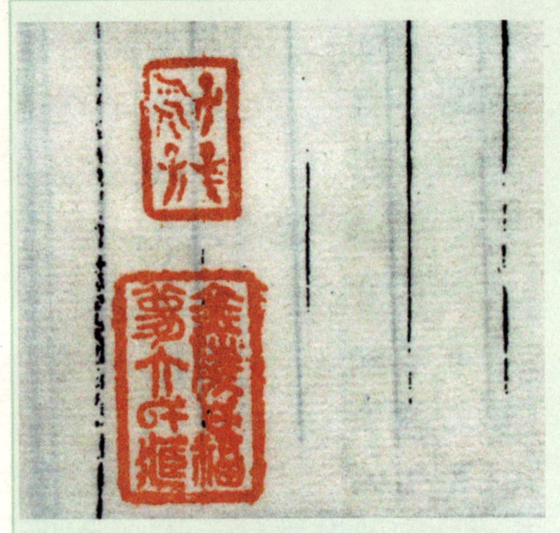
《金石录》书上的藏书印——金陵甘福梦六氏藏

界和文物界。一百年来南京屡遭兵火，甘氏藏书早已沉寂多年，这部宋本书竟奇迹般地得以历劫幸存，实在不可思议。此书的出现，改写了藏书史上一段历史。后据《张元济年谱》载："1951 年夏，赵从蕃之子赵世暹于南京获宋刻《金石录》，专程来谒先生（即张元济）并求题记，先生欣然命笔，时适郑振铎来沪，赵即面呈郑，献之国家"。

《金石录》经过一番周折，最后由郑振铎亲自携往北京，该书现存国家图书馆。这件事在国内曾轰动一时，记者黄裳、张友鸾、张慧剑等知名人士，还专程从上海来到南京，向甘氏后代了解甘氏藏书情况。甘家长辈认为书既已归国家，这是最好的归宿，同时也感到是对先祖几代人"苦搜"珍本的慰籍，故也不再追问。此时，甘氏所藏书籍以及书柜、刻板等约三卡车均捐赠给了南京龙蟠里国学图书馆（即今天的南京图书馆古籍部）。其中有甘氏自刻版《建康实录》、《白下琐言》和甘家稿本，如甘煦的《贞冬诗杂录》、甘元焕的《复庐日记》、甘炳的《小津逮楼诗稿》，以及雕有"津逮楼"字样的柏木书柜。

宋版三十卷本《金石录》未与津逮

楼一起被焚，考其原因，是甘熙兄弟或族中长辈，爱好金石，将此书带在身边随时阅读。故置于另室；另一种可能是战争之前，此书已转移他处保存，才免遭一炬。至于《金石录》放在津逮楼近百年而无人问津，最后竟如一般旧书卖与他人，这主要是由于甘氏后人自光绪中期以后，不求进取，读书风气淡薄的缘故。

殆于学业的甘氏后裔，不识宋本《金石录》的价值，几乎被人骗去，所幸这三十卷本的《金石录》最终由国家图书馆保存，这也算不幸中的幸事了！1983年此书连同张元济跋文已经作为《古逸丛书三编》之二，由中华书局影印出版。孤本已化身千百，嘉惠后学。

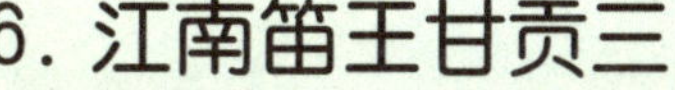

6. 江南笛王甘贡三

甘鑫（1889～1969年），字贡三，为甘延年嫡系曾孙。甘贡三先生自幼钻研诗词、音律、书法、围棋、中医诸学。民国初年，甘贡三先生就读于中央法政大学经济科。学的是经济，但他却醉心戏剧，酷爱昆曲。他诗词书画、戏曲音乐无一不精，更精娴音律，弹拨乐器中擅三弦、琵琶，民乐方面精于笙、箫、笛，人称“江南笛王”。20世纪初的南京昆曲界，声名显赫者，当首推“江南笛王”甘贡三。他对昆曲尤为钟情，曾拜老艺人谢昆泉为师，专工老生，唱法上很有研究，昆曲专家们对他的唱功曾给予很高的评价：“嗓音高亢苍劲，行腔刚健简捷”。甘家与戏曲结缘，便是从甘贡三先生开始的。

江南笛王甘贡三

民俗馆馆藏一对刻有龙凤图案的竹箫就是甘贡三先生当年使用过的，每支竹箫又都刻有诗句，“截得飞凤好竹枝，制成雅管最宜时”，“秦楼仙子梦同甘，引凤飞升作美谈，留得声名传宇宙，良宵夜月又何嫌。”“劲节虚心面目真，相交君子足通神。临风一曲从容奏，得意忘言是解心。”两首诗字体娟秀流畅，书法味极浓。下端都刻有“玉屏谢写山造”。玉屏箫产于贵州东部玉屏县，素以雕饰精美而著称。明、清两代，曾被作为贡品，故又有“贡箫”之称。

20世纪20年代，甘贡三与著名文人仇莱之等人常在南京复成桥畔“江宁地方工会”举行同期（即集会清唱昆曲），还与吴瞿安（吴梅）、沈仲约、吴舜石、薛天汉等人组织起“紫霞曲社”。紫霞曲社，是因曲友们曾到中山陵的紫霞湖边游

甘贡三使用过的龙凤竹箫

红豆馆主溥侗

览唱曲而得名。当年紫霞曲社社址在杨公井中华书局楼上，即今天杨公井古籍书店的二楼。

1934 年，南京的一些国民党军政要人以及社会名流在长江路香铺营（曾为江苏省歌舞团，今南京艺术学院尚美学院）组织了规模较大的票房“公余联欢社”，这个官办的业余文化娱乐场所可谓是名家荟萃，精品纷呈，是民国时期南京一处著名的文化艺术中心。公余联欢社成立后，设立了戏剧部，并聘请了别号红豆馆主的爱新觉罗 · 溥侗（末代皇帝溥仪的堂兄弟）为戏剧部负责人，戏剧部下设京剧、昆曲、话剧三个组，昆曲组组长就是甘贡三。

杨公井古籍书店二楼曾是“紫霞曲社”的活动地点

抗日战争之前，溥侗经常住在南京。每次来宁，均下榻甘贡三家。甘贡三亦是酷爱昆曲之人，两人终日相聚，切磋昆曲唱腔、曲谱，有一次为研究《玉簪记·琴挑》，竟忘记吃饭，后又抵足而眠，两人竟饿了一夜。二老的莫逆之交，以及红豆馆主杰出的才艺，在南京著名的文学和戏剧史论家、词曲作家卢前（甘贡三外甥）的《柴室小品》里也有所记载："他（溥侗）跟我一位姑丈甘贡三先生很要好，在前些年，他就住在南捕厅甘家。他唱《长生殿》的《弹词》很出色，尤其《四声猿》中的《渔阳鼓》，唱起来极动人。他于场面、身段，都内行精到；虽然唱时喉音有些沙，但越发觉得苍凉悲壮。"溥侗曾在甘家居住多年，甘贡三之子甘南轩、甘涛、甘律之，都先后向红豆馆主学习京、昆艺术，梅兰芳、奚啸伯、俞振飞先生也都曾是甘家大院的常客。

1937年抗日战争爆发，紫霞曲社停止了活动，公余联欢社也解体了，甘家全家迁往重庆，甘家大院成了一座空宅。在重庆，甘贡三先生也没有停止昆曲活动。先是与穆藕初、项馨吾、倪宗扬、张充和等建立渝社，又与范崇实、章元善等扩建重庆曲社，并且协助四川五通桥盐务总局成立业余昆曲社，传授昆曲。抗战胜利后，甘贡三全家返回南京，他在"江宁师范学校"任昆曲教师，同时恢复"紫霞曲社"，在南捕厅私宅，每月都举行"同期"。为解决青年人不识工尺谱的问题，甘贡三先生花费数年时间，将百余出戏的工尺谱翻成简谱。1935年，上海百代唱片公司邀请甘贡三先生灌制了唱片《寄子》、《扫松》等昆曲数折。

1942年，甘贡三先生53岁时，受

聘担任北涪重庆师范学校昆曲教师。抗战期间甘贡三先生为宣扬昆曲、继承这个古老传统戏剧薪火做了大量工作。

抗战胜利后，甘贡三先生回到南京。值得庆幸的是，甘家大院基本没受战火之灾。

1946年，甘贡三先生恢复紫霞曲社活动，又在甘家大院举行同期。当时不少文艺界名人曾到甘家大院跟有“江南笛王”之称的甘贡三先生学昆曲，如吕恩、罗慧兰、严凤英、顾铁华等都曾得到过甘贡三先生亲授。这些昆曲演出活动，不仅吸引了梅兰芳、马连良、俞振飞、奚啸伯等国内京昆戏曲名家常来往于南京甘家，朱培德、张道藩等国民党军政要员和林散之、唐圭璋等文人雅士更是趋之若鹜。因此，甘贡三先生积累了大量的资料、文章，成为他传播昆曲的雄厚资源。

1948年早春二月的一天，甘家宅内锣鼓喧天，原来是甘家为庆贺甘贡三六十寿辰而举办的堂会。先是刘宝瑞、

甘贡三六十大寿全家福

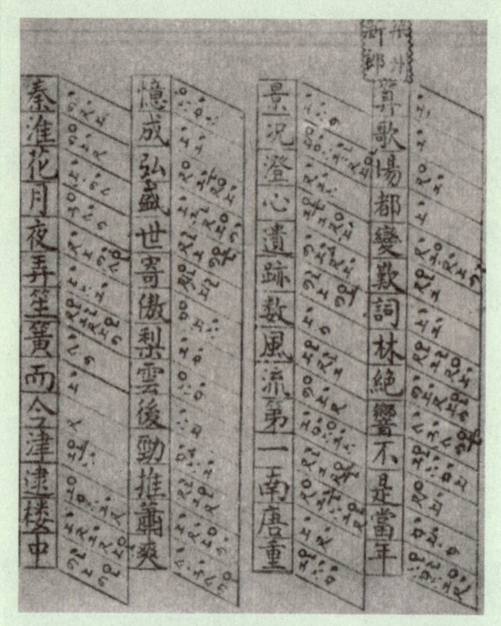
算歌場都變歎詞林絕響不是當年
景況澄心遺跡數風流第一南唐重
憶成弘盛世寄傲梨雲後勁推蕭爽
秦淮花月夜弄笙簧而今津逮樓中

卢前 1948 年 2 月为其姑丈甘贡三六十大寿所撰散曲《祝寿词》

高元钧、何燕樵等人的相声、山东快书、京韵大鼓、梅花大鼓，接下来是当时的中央乐团的民乐演奏，再后面，是甘贡三先生的外甥、词曲家卢冀野作词、程虚白作曲的昆曲《祝寿词》，由甘家子弟大合唱，中央广播乐团伴奏。晚上，甘氏家人又在宅中搭起戏台演出。先由梨园公会的艺人演出《麻姑献寿》，接着是甘律之跳《加官》，范儒林跳《武财神》，徐伟如演《骂殿》。最后，甘贡三老先生亲自粉墨登场，携子、女、孙、媳、婿等合演昆曲《天官赐福》，甘贡三扮演天官（福星），寿、禄、喜三星分别由长子南轩，四子律之，长婿汪剑耘扮演，其余宫女、文堂由媳、女、孙扮演，此戏除魁星由范儒林扮演外，其余皆为甘氏一家，一时传为佳话。其时，“票界大王”溥侗因去沪未及时赶回，特派人送来用硃丹亲笔书写的《百寿图》（即一百个不同字体的寿字）相贺。

1954 年，甘贡三在南京市文联领导下，主持成立了全市曲友的业余唱曲组织，名为“南京乐社昆曲组”，活动地点在中山路 1 号楼上（后移至秦淮区文化馆），成员多达百余人。

信佛是甘家的传统，家中有佛堂，宅外有家庙，甘贡三先生除信佛外还经常参加一些道教活动，他在家不仅带子侄辈诵唱、吹奏道教乐曲，而且还边唱边吹奏边舞，甘贡三先生的儿子甘涛就曾随父亲去文昌宫观看过“拜忏”（道教的一种宗教仪式），日子一长，甘涛也学会了“拜忏”的曲调。后来，甘贡三把昆曲的工尺谱翻译成简谱的时候，还记录整理了许多道教音乐。

据甘氏裔孙甘苏回忆，甘贡三先生高额方面，慈眉善目，蓄有令人羡慕的长髯，颇有古道仙风。他秉承先祖遗风，为人谦恭宽厚，惜老怜贫，乐善好施，深得邻里崇敬。据甘贡三先生的幼女甘纹轩回忆，在她小的时候，家中每年夏天要制作和散发大量“济众水”（类似十滴水那样防中暑的药），家中上下不分老幼，人人动手，洗瓶、灌药、火漆封口……还在街口设立茶摊，供劳力者解渴。冬天则散发米票、施送棉衣以帮助那些有困难的乡邻。

甘贡三先生一生热爱昆曲，痴迷昆曲，当年常常是见人就动员人家学昆曲，所以甘家上下人等背地里都开玩笑，把甘老先生劝人学昆曲比作“武训劝学”。在封建大家庭中，女孩儿学唱会认为不成体统，而甘贡三先生却敢于排除世俗偏见，特地从苏州聘来了“全福班”艺人施桂林、尤彩云和笛师李金寿，长住家中教习家中长、幼女以及侄孙女们昆曲。正因为甘老先生对昆曲如此痴迷，甘家子女也就都酷爱昆曲，擅长表演。

老先生对别人是劝，对自己家人则几乎是“威逼利诱”、“软硬兼施”了。

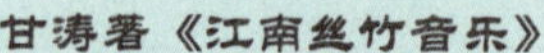
甘涛著《江南丝竹音乐》

汪剑耘拜梅兰芳为师时与梅兰芳夫妇合影

一支曲子没拍到十遍二十遍是不允许上笛唱的。汪小丹女士讲，她的甘家表姐妹与她一样，毫无例外地都受过这种训练。

在甘贡三先生影响下，其子孙辈得以继承者甚多。长子甘南

这方面趣事很多。据甘贡三的外甥女汪小丹女士介绍，她小时候跟外公学唱昆曲，外公就是“软硬兼施”的“外公教曲”：一边放着戒尺，一边放着糖果——有奖有罚。戒尺、糖果之外，旁边还放着一堆火柴杆儿，那是作为拍曲子计数用的。

轩是著名“新生社”的社长，曾任江苏省振兴昆曲研究会常委，为京昆界知名人士；四子甘律之从京剧、昆曲名家学过戏，“文革”后，在建立南京京剧艺术研究会的诸多功臣中，甘律之的影响和成就都是突出的；次子甘涛是著名琴

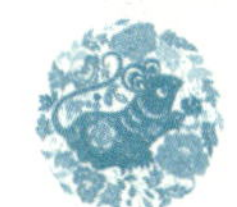

师徐兰沅、王少卿（均为梅兰芳琴师）的弟子，新中国成立后从事民族音乐和戏曲音乐研究，在江南丝竹的整理研究方面，作出过杰出的贡献；甘贡三先生的长女甘长华、次女甘纹轩（现上海昆剧社的负责人）、长婿汪剑耘（梅兰芳弟子，素有“南京梅兰芳”之称。）均成为昆曲、民乐界不可缺少的中坚骨干。

7. 甘仲琴拒当汉奸

甘鋐（1869～1939年），字仲琴，他是大房甘煦的后人。

甘仲琴早年受过良好的传统教育，他“学而优则商，商而优则仕”，曾担任过中华民国临时参议院参议，并在北平（北京）任职多年，后因拒绝曹锟贿选，受到排挤，回到南京。在南京他历任总商会干事，商会公断处处长，南京总商会副会长，督办江苏善后事宜公署参议，南京总商会会长等职，任职二十年，在国内外享有很高威望。

北伐战争以前，甘仲琴就是南京总商会会长，当时各路军阀角逐金陵，政权更迭，政局动荡，1927年3月，北伐

甘仲琴像

军光复南京，甘鋐则为北伐军进驻南京城安排宿营地和组织筹措粮饷。

30 年代初期，甘仲琴与龚伯炎（后为中央商场董事长），国民党元老、中央委员张静江，国民党中央执行委员建设委员会委员曾养甫，科技界精英茅以升等 32 位社会名流，共同出资创办了南京第一个民族商业——中央商场。

甘仲琴在升州路开有两爿商店：一是位于弓箭坊口的“协兴和”百货店，二是位于升州路的“仁和泰”酱园。九一八事变后，全国掀起抵制日货的浪潮，甘仲琴不顾破产的危险，将百货店中的东洋货全部拿出，放火烧掉，百货店因此关门歇业。

甘仲琴还曾是崇善堂的负责人。南京的慈善团体很多，有培善堂、兴善堂、普善堂、合善堂等等。南京崇善堂位于金沙井，成立于清嘉庆二年（1797 年），是一个历史较长、财产较厚的慈善团体。主要办理恤嫠（寡妇）、保婴、施药、施材并辅助嫠妇子女读书及贫民施诊所、救济难民食米等事。崇善堂在抗战前，冬季施棉衣、施粥，夏天施茶水，施诊所为难民治病。南京沦陷后，崇善堂部分迁入难民区，开始救济难民食米，并找人收尸埋尸。

值得一提的是，甘熙著作《白下琐言》的流传与再版也与甘仲琴分不开。光绪十六年（1890 年），《白下琐言》成书 40 余年后，甘熙的孙婿傅绳祖出资刻印了此书。辛亥革命时，原书刻版散失，两年之后，又被甘熙之仲孙甘仲琴从书肆中购回，但已缺 18 页，仲琴请刻工补刻，并于丙寅年（1926 年）重印，从此《白下琐言》流传更广。

甘仲琴最为人们称道的是其晚年，能保持民族气节，洁身自好。1937 年，日军逼近南京，甘仲琴不得不放弃南京的家业，带领全家逃往安徽和县避难。1938 年初，汪伪政权“开路先锋”梅思平开始积极策划与日本政府的“重光堂会谈”，梅思平曾任中央大学、中央政治学校教授，江宁实验县县长，江宁区行政督察专员，早年与甘仲琴多有往来，他深知其才能，便想利用甘仲琴在南京商界中的地位和威望，重振南京商业，制造繁荣景象，配合伪政府的成立。于是梅思平托人致信，请其返宁。甘仲琴接信，顿感不安，他知道如果回到南京，将会和从前一样，过上富足安逸的生活，并将获得相应的社会地位，但是，当汉奸，他是万万做不到的。为防止敌伪上门逼迫，他毅然辞别家人，只带上小女儿，踏上前往重庆的路途。此时甘仲琴已 69 岁，身体也较虚弱，并且路费也不足，路途之中经常有敌机轰炸，路程相当艰难凶险。到达汉口以后，甘仲琴所带的路费已经用完，于是和他的朋友，汉口总商会的会长联系，用自己所持的国民电信的股票换得盘缠，这才历经千辛万苦到达重庆，投奔在女婿家中。在重庆，他的生活非常艰苦，常为躲避轰炸，变换住所。1939 年，甘仲琴在重庆逝世，享年 70 岁。

抗战胜利后，甘仲琴的灵柩回宁安葬，国民党江苏省政府主席、南京市市长等政府要人参加了追悼会，对他不为敌伪利诱，爱家爱国的高尚节操给予了肯定和赞扬。

8. 甘南轩创办新生社

南京票房从 20 世纪 20 年代起蓬勃发展起来，其中人才最多、活动历史最长、影响最大的当推 1935 年夏成立的“新生社”，这个票房的社长就是甘贡三的长子甘浏，字南轩，社址就在南捕厅 15 号的花厅。

甘南轩书房，墙上对联为于右任题

甘南轩（1909 ~ 1984 年），曾师从胡小石、爱新觉罗·溥侗等知名学者和戏曲大师。红豆馆主溥侗在宁时，就住在南捕厅甘家，甘南轩遵从父命拜溥师学习京昆、诗词、书法，曾得溥师亲授《卸甲封王》、《别母乱箭》、《失空斩》等剧。也正是从溥师那里，甘南轩懂得了“台下千日功，台上一分钟”的道理，从而更加勤学苦练，更细心地揣摩剧中不同人物的性格。甘熙宅第内终日笛声悠扬，琴声清越，使得年幼的甘南轩很早就浸润在良好的传统文化氛围中，奠定了深厚的文化功底和对戏曲一辈子的痴迷。

甘南轩曾就读于金陵大学中文系，毕业后考入南京市政府任办事员，后调

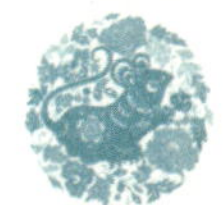

市公安局任科员，抗日战争开始后，他先后任湖北通城县政府科长、四川教育学院总务处股长、甘肃油矿局课员、盐务总局视察等职，而闲暇之余，甘南轩则把大部分时间用来研究京昆艺术。

南京新生京剧、音乐研究社成员合影

1935 年夏，甘南轩在南捕厅 15 号的花厅内，组建了“南京新生京剧、音乐研究社”，简称“新生社”，并出任社长。票社聘请颜凤鸣、佟志刚、关盛明、张九奎、范儒林等著名演员为教师。当时的名流如红豆馆主溥侗、梅兰芳、奚啸伯、徐兰沅（梅兰芳琴师）、曹慧麟、王熙春、童芷苓、言慧珠、李蔷华等常常出入甘家交流切磋艺术，对新生社成员艺术水平的提高影响很大。甘贡三次子甘涛，小儿子甘律之，女婿汪剑耘以及甘氏门客等都是社中的中坚力量。

新生社成员中，数汪剑耘造诣最高，汪是甘南轩的妹夫，他天赋佳，基础好，又肯下功夫，饰演青衣和花旦行当，声腔、扮相、动作等方面都酷似梅兰芳，有“小梅兰芳”之称。

京剧名宿范儒林也是新生社中颇有影响的教师。范儒林，原名汝霖，安徽和县人，自幼爱好京剧，又能操琴，十多岁就在上海租界内几家大旅馆里卖唱，取艺名“小艾虎”。梅兰芳剧团来上海时，范儒林拜师徐兰沅，并随梅兰芳剧团来到北京。不幸的是，范儒林在北京一次堂会演出后，嗓音突然失哑，最后竟一句都唱不出来，虽经多方医治，却始终无法恢复。范儒林倒嗓后，就南下来到南京住在甘家，给甘贡三三个儿子说戏、吊嗓，传授基本功，寒暑不辍，从而使甘南轩兄弟三人的演技不断提高。在甘氏一家人的眼里，范儒林为人谦和，教戏耐心，尤其对青年人更能循循善诱，住在甘家的这段时间，新生社成员也得到他不少的教益。而甘家人也投桃报李，对其生活十分关心，直至为其操办婚事等。

新生社成立后不久，也就是1936年，在明星大戏院的首次公演就获得了巨大成功。观众反映热烈，未到开演，两天的戏票就已抢购一空。演出时，当时的南京中央广播电台还作了现场实况转播。

抗战开始后，新生社成员随机关单

友艺集活动地点——安乐酒家（原为江苏饭店，现已拆除）

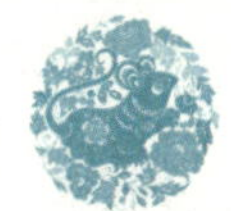

位迁往后方，继续着票友的活动，并多次参加义演。抗战胜利后，甘南轩等陆续回到南京，新生社又发展了大批社员，并成立了民乐部，由甘贡三次子甘涛负责。民乐部的成立，壮大了票社乐队，新生社的演出也更为别开生面。1948 年，新生社正式更名为“新生戏曲音乐研究社”。

友艺集春季联欢（1950 年）

50 年代初，新生社为慰问解放军和募捐寒衣，多次在中华剧场和南京大戏院等处义演，抗美援朝开始后，又多次义演参加募捐活动，每逢赈灾筹款，票友们都会全力以赴登台献技。

1950 年 2 月至 11 月期间，由“新生社”发起，联合“华社”、“中联社”以及部分名票，组成了“友艺集”，成为新中国成立后南京最大的票社。

友艺集当时的活动地点在南京安乐酒店（原江苏饭店，现已拆除），除了业余票友，还吸引了许多专业演员来此演出并互相切磋技艺。著名的黄梅戏表演艺术家严凤英曾是友艺集的一位活跃人物，也正是在友艺集，严凤英和甘贡三的小儿子甘律之相识相恋，并在南京结为伉俪。南捕厅15号的西偏院内，至今仍保留着他们的旧居。

随着友艺集活动、交流的日益广泛，友艺集成员逐渐成为各地专业京剧团吸纳演员的目标。渐渐地，友艺集因此停止了活动，创办新生社的甘南轩也被邀请参加了专业剧团。1955年，友艺集宣告解散。

新生社、友艺集，仅仅是半个多世纪前活跃在南京京昆票界的票社之一，却继承和传播了前辈艺人的精湛技艺，培养了戏曲专业人才和业余爱好者。

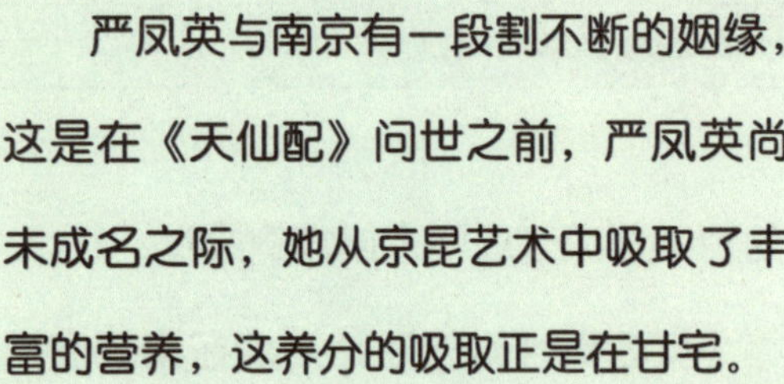

9. 严凤英甘宅学京昆

严凤英与南京有一段割不断的姻缘，这是在《天仙配》问世之前，严凤英尚未成名之际，她从京昆艺术中吸取了丰富的营养，这养分的吸取正是在甘宅。

严凤英，1930年4月生于安徽桐城罗家岭，原名严鸿六。她从小爱唱黄梅戏，因出演《小辞店》主角柳凤英大受欢迎，而改艺名严凤英。

1948年，不满20岁的严凤英，辗转流落到南京。到南京后，她生活无着落，就寄住在南京一家做木材小生意的商人家中，先是在秦淮河、夫子庙一带卖唱，后经人介绍在南京米高梅舞厅工作，还把自己的名字改为严黛峰。

50年代初，甘贡三老先生之子南轩、律之与几位名票在军管会文艺处领导下，于太平南路创办“友艺集”京剧茶座。严常与舞厅同伴前往聆听，偶尔登台唱上一段《甘露寺》、《淮河营》等马派唱段，虽水平不高，却引起观众注意。

1950年4月，“友艺集”在中华剧场首场公演，散场后，经人介绍，严认识了甘律之。从此严常单独来“友艺集”，并参加“友艺集”的基本功训练班。在此期间，严凤英与甘律之订下了白首之盟，从此结束了多年坎坷的流浪生涯。

甘律之在遇见严凤英之前，其妻子因在屋内烧炭取暖不慎中毒亡故。由于严凤英是个流落风尘的女子，而甘家是当地的名门望族，讲究门当户对，加上妻子新逝，按照家族风俗，丈夫续弦需三年之后。甘律之刚开始有所顾忌，没有将消息告诉家里，而是借朋友的房子在外与严凤英同住。由于老爷子甘贡三是个昆曲戏痴，凡有客人来，他都要竭力劝说客人学昆曲。严凤英随甘律之来到甘家大院主动学戏，甘贡三当然十分高兴。当他知晓儿子律之与严凤英感情很好并已同居生活，不仅没有反对，而且要求儿子将严凤英接回家住。甘律之的小妹甘纹轩清楚地记得，父亲曾严肃地对四哥说：“家中的房子这么多，你们还住在外面干吗？”老爷子的这句话，让甘律之心里悬着的一块石头落了地。在那个婚姻遵从父母之命的年代，这意味着父亲已经将严凤英看作一家人。就这样，严凤英因京昆戏曲结缘甘家，正式成了甘家的一员。

认识甘律之后，严凤英很快就认识了他的姐夫汪剑耘。汪是当时名噪一时的梅派弟子，在南京影响很大。严凤英向甘律之学会了京剧《梅龙镇》。有一次，两人在安乐酒家同台演出，甘律之演正德皇帝，严凤英演李凤姐，汪剑耘特地去捧场。严凤英的眼神生动，唱得韵味十足而受到汪的夸奖。于是机灵的严凤英便要跟汪学戏，她非常清楚，如果有汪剑耘正式教戏，是她的荣幸，因此她一再央求汪，要拜他为师。见她态度诚恳，汪剑耘终于同意辅导她训练基本功，而绝不同意收徒。这样，从第二天清晨，在南捕厅的甘家花园里，汪剑耘便手把手地教她练起毯子功来。严凤英领会很快，又学得专心，使汪非常高兴。

甘律之有次把严凤英带到甘家大院听戏学戏。正赶上甘贡三老先生为子媳等说昆曲《牡丹亭·惊梦》，许多人在厅内拍曲子，谁也没留意后面多了个旁听生严凤英。倒是甘老先生发现了她，便吹起笛子叫严凤英试唱一遍《惊梦》。严凤英学过戏，有底子，加上人又聪明，一出《惊梦》连唱带做竟被她“偷”了个八九不离十。乐得甘老先生拈须大笑，连夸“好，好”。于是严凤英正式加入了甘家子女学戏的队伍中。在甘家严凤英学会了昆曲《游园惊梦》、《春香闹学》、《琴挑》，京剧《大登殿》、《御碑亭》、《玉堂春》等。严凤英在“友艺集”的活动中，演出过《大登殿》、《梅龙镇》。据南京老票友讲，严凤英在《大登殿》中扮演代战公主，穿旗装，梳两把头，著花盆底儿旗鞋，“台步稳重潇洒，歌喉珠圆玉润，一口流利京白，使观者无不瞠目”。严格、规范的京剧昆曲训练，为后来严凤英黄梅戏的精湛表演打下了坚实的基础。甚至后来严凤英回到安徽时还曾将京剧《玉堂春》、《梅龙镇》等不少剧目改成黄梅戏演出。因为严凤英平时学得较广泛，并练过黑头的“哇呀呀”，因此在《黄鹤楼》剧中反串张飞的表演赢得全场观众的热烈喝采。

1951 年，为加强黄梅戏演员阵容，

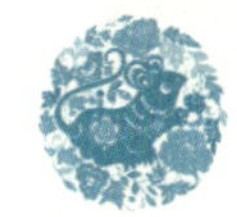

安庆市派人到南京寻访严凤英。甘律之了解严凤英的抱负，为她购置了部分“行头”，支持她重新登上黄梅戏舞台。果真，严凤英回安庆后不久便蜚声戏坛。

1954年夏天，严凤英再次回到了甘律之身边，甘家上下依旧友善和重视，甘律之央请姐夫汪剑耘予以指导。汪先生亲自下场示范，向严凤英传授舞台身段和表演诀窍。甘律之又让小妹甘纹轩将昆曲《孽海记》中《思凡》一折戏从头至尾教授给严凤英。《思凡》这折戏属独角戏，剧情为一个小尼姑因思念凡尘而逃下山，20多分钟全是一个人在舞台上的身段和内心表演，极其考验一个演员的舞台基本功。严凤英学戏时，甘律之在一旁分析、解说，以便严凤英在黄梅戏舞台表演中吸收运用。《思凡》中小尼姑的拂尘手法，后被严凤英成功地运用到《天仙配》七仙女的拂尘表演中。

1954年9月25日，华东地区戏曲观摩汇演在上海正式拉开帷幕。严凤英特地预订了宾馆，将甘贡三老人接到上海，观看自己主演的《天仙配》，其时，甘律之正随姐夫率“汪剑耘京剧团”在外地商业演出，未能到上海观看，这成为甘律之心中的一件憾事。严凤英、王少舫主演的《天仙配》在上海汇演获得巨大成功，赢得剧本、演出、音乐、导演等多项大奖，严凤英更是获得演员一等奖。得奖后的严凤英十分高兴，特地请甘贡三老人和小妹甘纹轩到饭店吃饭庆贺，饭后严凤英携甘贡三老人、甘纹轩一道去上海公园拍照留念。严凤英胸佩演员一等奖奖章，分别同甘贡三老人、甘纹轩在公园内一处毛泽东、斯大林的塑像前留影。甘家保留的严凤英一些照

严凤英与甘纹轩合影

片在“文革”中被抄家流失了，仅留下严凤英与甘纹轩合影这张珍贵的照片。

获奖之后不久，严凤英毅然回到南京与甘律之正式登记结婚，并在南京碑亭巷曲园饭店举行了热闹的婚礼，由当时南京文化界的名人郑山尊为严凤英和甘律之担任证婚人，南京京昆戏曲界的友人们纷纷前来祝贺，这桩婚事一时被人们传为美谈。婚后，甘与严两人同去合肥，后因“历史的误会”，两人又不得不离异。

在严凤英之前，黄梅戏只是一个难登大雅之堂的地方小调；自她以后，黄梅戏才随着《天仙配》、《女驸马》等戏的走红风靡全国。“文革”一来，严凤英却大难临头，先是被打成“刘少奇文艺黑线人物”、“周扬的黑干将”；继而被污为“国民党潜伏特务”，再后来升级为“现行反革命”。无休止的批判、侮辱、毒打，有冤无处伸，有苦无处诉，1968 年 4 月 8 日，严凤英吞服了大量安眠药含恨而死。当代著名诗人、书画家林散之有诗

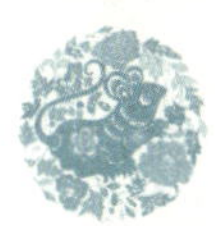

悼曰：“尘劫人间惊万千，唯君一死最堪怜。凄凉练好霓裳曲，奔入蟾宫作散仙。”

如今，甘熙宅第中，南捕厅 15 号的西偏院，还保留着严凤英和甘律之曾住过的“旧居”，她在这里向甘贡三先生学习京昆技艺，又与甘律之相识、相恋并结婚，留下了一段梨园佳话。

严凤英旧居

四、专题展览：南京民俗生活的再现

1. 南京的岁时节俗

节日是人们日常生活中特定的日子，是人们休息、娱乐、庆典、祭祀等活动的日子，有着特殊的文化意蕴和丰富内容，是历史时期社会生活与民情风俗的极好写照。南京地处“吴头楚尾”，各地风俗兼收并蓄，这里的岁时文化，有着深厚的人文内涵、丰富的表现形态，以及情味盎然、光彩夺目的独特魅力。元宵灯会、清明祭祖、端午龙舟竞渡、中元祭祀亡灵、冬至祭祖，这些充满世俗情趣的传统节俗无不表现了先民为适应环境而创造出的一种乐天知命的生活方式，它是自然与人文的默契沟通、生活与艺术的浑然融合。

【正月十六】

正月十六这一天，南京人都要和家人或三五好友登城览胜，俗话叫“走百病”、“踏太平”，这是南京特有的风俗。正月的南京，天气回阳，外出走走，换换新鲜空气，涣发精神，对身体不无好处。

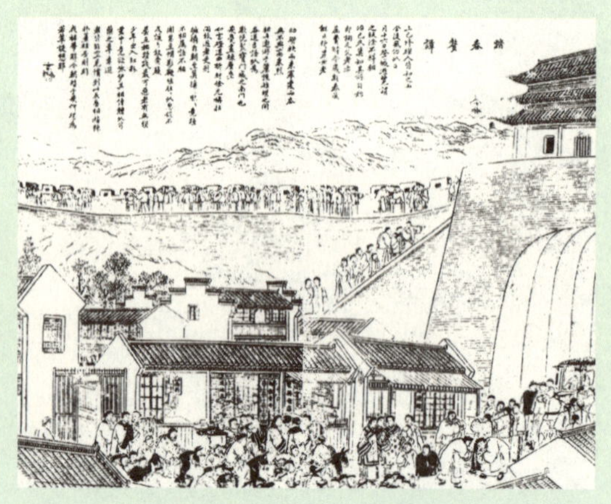

正月十六“走百病”

【二月二】

每年的二月二“龙抬头”这一天，南京有“接姑娘”的风俗。这一天女儿回家后也可以向娘家人诉说平日在婆家受的苦，所以南京就有这样的谚语：“二月二，龙抬头，家家接女诉冤仇。”

【二月十二】

南京以二月十二为“花朝”也称“百花生日”。南京的花农们在这一天都要前往南郊花神庙礼拜。

【立春】

“立春”，南京又叫它“新春”。立春总是在五九尾或六九头上，假如是元旦立春，就叫“岁朝春”，最为难得，谚云：“百年难遇岁朝春。”

【三月三】

三月三又称为“上巳节”。每到这一天，人们都浴于水滨，举行祓除不祥的“祓禊”活动。上巳节大约起源于周朝。南京人在三月三有荠菜悬门，妇女儿童头戴荠菜花的习俗。南京谚语有“三月三，荠菜花赛牡丹，女人不戴无钱用，女人一戴粮满仓。”“三月三”在南

二月十二“花朝”

京，还曾是古代诗人聚会的日子。这一天，他们相邀出游，聚集在水边赋诗行令。他们围坐在水渠旁，把酒杯放在弯曲回环的小水渠中，酒杯流到谁面前，谁就喝掉，并赋诗一首。后来还人工造起曲水，盖上亭子，可以风雨无阻地饮酒吟诗，人称“流觞亭”。“三月三”诗人节活动一直延续到民国年间，每于此日，诗人们聚会或在覆舟山，或在秦淮河，或在玄武湖，身处湖光山色，百花盛开的美景之中，当然会灵感泉涌，诗兴大发，涌现出许多好诗妙句来。

【三月二十三】

“三月二十三，乌龟爬下关”是许多老南京耳熟能详的一句谚语。讲述的是每年农历三月二十三妈祖诞辰纪念日，在下关静海寺、天妃宫门前的场地上因祭祀天妃娘娘，祈求平安，广大市民自发形成的庙会。由于过去人们不识驮天妃宫碑的赑屃，只见它形似乌龟，因此老南京又将“三月二十三庙会”称为“乌龟会”。1937 年，天妃宫因战火被毁，这一民俗活动也就逐渐销声匿迹了。时隔近 70 年后，随着静海寺、天妃宫历史景区的重建，妈祖文化庙会已于 2006 年恢复。

【寒食】

清明前一日之寒食节，是后人为纪念春秋时期的介子推而形成的。相传春秋时，晋人介子推追随晋公子重耳出亡在外十九年，受尽艰辛，直到重耳取得政权（重耳即位史称晋文公），介子推闭口不说自己的功劳，而晋文公也就把他忘了。介子推便和母亲居绵山度日。后晋文公想起此事，派人去请，介子推深居不见。晋文公便命人烧山，想迫使

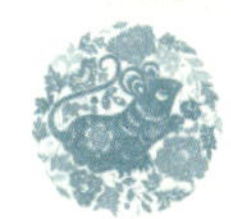

他出来，而介子推坚决不肯出山而被火烧死。后人敬重他的骨气，相约到此日不用火，只吃冷食，以表追思，故称寒食。

【清明】

南京与全国各地一样，历来都有清明祭祖扫墓的习惯。这一天，家家门上插柳枝，全家老少都要到亲人墓地祭奠。正是：三月里来是清明，家家门头插杨柳，拿着饭食和元宝，南门城外祭坟头。此外南京人还有清明吃青粡的习俗。

【四月初八】

农历四月初八，老南京有食乌饭的习俗。乌饭，又称青精饭，是将青精树茎叶捣烂，滤汁，泡糯米蒸煮而成。

【立夏】

南京人在立夏这一天有尝“三鲜”之俗。三鲜即樱桃、青梅和鲥鱼。过去南京还有立夏称重的习俗，在立夏日特制称人的装备，吊一根大麻绳在梁柱上，全家大小每人悬空抓绳测称体重，目的是告诫大家，夏日炎炎，蚊蚋虫生，容易滋生疾病，希望

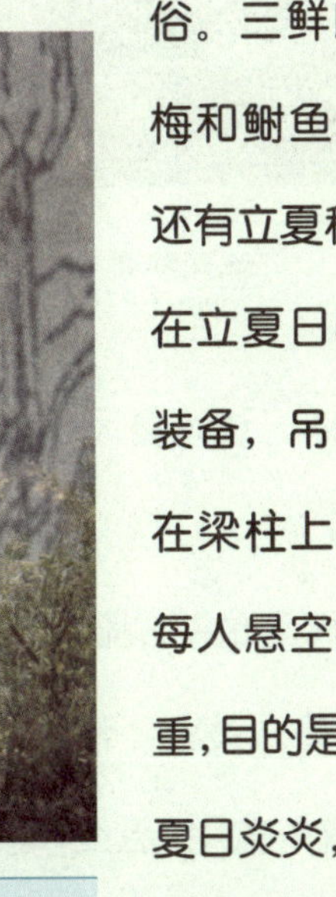

清明祭祖扫墓

立夏称重

大家保重身体，过完夏天后体重不减。

【端午】

南京人每逢端午，都会吃“五红”，即苋菜、烤鸭、黄鱼、鸭蛋黄及蒜头烧黄鳝，认为端午食用“五红”可消病强身。中午全家团聚，饭后大都去夫子庙看秦淮河上赛龙舟。此外，还有一些象征性的辟恶除害的风俗。如用大红纸剪成“五毒”，即蜈蚣、蝎子、壁虎、蜘蛛、毒蛇，贴在屋内表示镇压。小儿头戴虎形帽，足穿虎头鞋，臂缠五色丝，胸挂五色丝兜，内装粽子和咸鸭蛋。

【六月六】

时值盛夏的六月初六，民间会利用这一天炽热的太阳曝晒棉衣被褥和其余不穿在身上的衣服，名为“晒伏”，“伏”就是“伏天”，整个夏季称为“三伏天”。南京有谚云：“六月六，家家晒红绿”，红绿指五颜六色的各样衣服。

【七夕】

古时以农历七月七为“七夕”，南京人也称“七夕节”为“女儿节”或“乞巧节”。南京历史上乞巧的风气非常盛，与本地发达的丝织业有关。

端午龙舟竞渡

七夕乞巧

【七月半】

农历七月十五，即俗称的“七月半”，也叫中元节，在旧时南京，又叫鬼节，要设奠祭祖，制作茄饼，就是把新鲜的茄子切成丝，和上面用油煎成饼，供奉祖先。黄昏后则在自家门口和桥头烧纸钱。

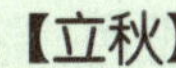

【立秋】

立秋日南京人必吃西瓜，叫做“啃秋”。南京暑夏炎热，许多市民将竹床搭在室外露宿。立秋后露水日重，天渐转凉，市民一般不再露宿。

【中秋】

农历八月十五，时届三秋之中，故称中秋。以月亮为核心，老南京形成了一系列中秋风俗，从中秋男子赏月、玩

中秋祭月

上加纸斗，名叫“斗香”），象征财如斗聚。拜月用的供品一般都是时鲜的蔬果，如花香藕、老菱（只用两角老菱，象征元宝）、芋苗、鸡头果、莲蓬等。拜月、赏月时，老南京还有一个习俗，

月、咏月；女子祭月、踏月、走月、摸秋，到阖家团圆吃月饼等等，无不充满了温情和亲情。

东晋时，在南京“牛渚玩月”，即是流传至今影响最广的赏月佳话。老南京中秋有祀月（祭月、拜月）习俗，拜月时，堂上供着市售月亮神像纸。供桌上陈列重达一斤的大月饼，四周摆上瓜果供品，燃点“斗香”（扎香如塔式，

如遇到月蚀，谓之“天狗吞月亮”，于是家家敲锣、鸣放鞭炮、敲面盆谓之“驱天狗”。拜月后，全家人赏月吃月饼。

中秋月夜，南京城里偏僻的地方和郊县有结婚后未生育的妇女“摸秋”的习俗，她们在小姑子或其他女伴陪同下，到别人家菜地、瓜园里去“摸秋”、偷摘瓜豆。如摸到南瓜，因“南”与“男”谐音，寓意妇女能生男孩；如摸到扁豆

（也即蛾眉豆）即是生女之兆，还以瓜果优劣，预示能否觅得“金童玉女”。

【重阳】

九月九日，二九相叠，“九”又与长久的“久”同音，是长寿的象征。过去南京人在重阳节这一天，都要登雨花台、北极阁，饮酒、赏菊、吃螃蟹、吃重阳糕，祝福平安长乐。

【冬至】

南京人有“冬至大如年”之说，过去冬至祭祖，和春节祭祖一样隆重。此外，南京还有“冬至吃豆腐”的习俗。南京民谣说，若要富，吃豆腐。豆腐的做法，有大葱笃豆腐、大肠烧豆腐，取意为豆腐——富富余余、葱——从从容容、大肠——长长久久。

冬至吃豆腐

【腊八】

农历十二月叫腊月，初八叫腊八。腊八这一天，南京人用糯米、薏仁米、赤豆、莲子、红枣、白果、栗子、花生米、核桃仁等熬成粥，香润甜口，民间叫做“腊八粥”。

【腊月廿三】

老南京的年俗是从腊月廿三开始的，这天，民间有祭灶的习俗。灶神，俗称“灶爷”、“灶君”、“灶王爷”，掌握着向“玉皇大帝”汇报家人一年来是非善恶的大权，关系到人们来年的官运、

财运以及一家人的吉祥平安。送灶日期，民间有“君三、民四、龟五”之说，百姓多在二十四日祭灶，若在二十五日，则是骂人的话。腊月廿三前后，家家都大扫除，搞卫生，俗语说“腊月二十三，家家乱拾翻”。

【除夕】

旧时除夕，家家户户都要在大门上挂根芝麻秸，取个吉利，意为芝麻秸杆节节高。另外，还要在门上贴“福”字，为了讨个吉利的口彩，大人故意把“福”字倒过来贴。

每逢除夕，都要守岁，老南京认为守岁便能守住财神，来年就会“金银财宝滚进门”。

南京人过年，家家户户都要做许多美味佳肴。其中“十样菜”是家家必备菜肴，“十样菜”又名“十景荣”、“什锦菜”，是由各种蔬菜组成。南京人过年爱吃“什锦菜”也有图个吉利的意思。

除夕放鞭炮

除夕这一天，家家都得以极其恭敬的神情请出祖宗的“喜神”像，挂于靠近八仙桌的墙壁下，其

下一张小桌子，也系红桌帷，桌上也放供果、烛台、香炉，还在每帧影像下放一盏盖碗茶。本来已经祭过祖了（南京人称为“烧包”），这一晚还得另备供菜供饭，但一般不烧锡箔。

【大年初一】

南京人正月初一多吃元宵和年糕。元宵也叫“糰子”、“圆子”，取“全家团圆”之意。年糕多用糯米制作，取生产和生活“年年（粘粘）高（糕）”之意。

拜年是春节里的一项重要活动，新年第一次出门要迎着“喜神”方向走，谓之“兜喜神”。然后逛闹市，南京新年最热闹的地方是夫子庙，泮宫前广场及旧贡院前，游人如织。

【正月初五】

农历正月初五，南京民间有跳财神的习俗，有的穷人到戏院内租一顶纱帽和一件红袍，再用金箔糊成一个纸金元宝，打扮成一个活财神：头戴乌纱，身穿红袍，套上假面具，手捧大金元宝。一班人敲锣打鼓，每到一家门前，走几个方步，把金元宝向门内空扔三次，可以多讨一些钱和干粮，这叫“跳财神”。

【元宵节】

农历正月十五，古人称之“上元”、“元夜”或“元宵节”，南京人称为“小年”，元宵节也称灯节，元宵燃灯的风俗源于汉朝，六朝时期，南京已形成灯节。至明代，朱元璋定都应天府（今南京），金陵灯节延时十日，是中国历史上最长的灯节。明初的灯节从正月初八开始，初八、十三、十五，都是“上灯日”，尤以十五为重。十八日谓之“落灯”。那时南京人几乎“家家走桥，人人看灯”。

2. 老行当、老吆喝

中国的行业，历来有三十六行、七十二行、三百六十行及三教九流、五花八门之说，正所谓“敲锣卖糖，各干一行”， 谚语说得好：“三百六十行，行行出状元”。

关于行业，自唐代开始就有三十六行的记载，宋代周辉的《清波杂志》则有了酱料行、成衣行、药肆行、陶土行、鼓乐行等更为详尽的记述。每一种行业都是人们为适应社会生活的需要，在长期的实践中形成的。传统上说的三百六十行，近年已有许多杂行俗业日渐衰落，有的则刚刚消失在 20 世纪的最后一抹余晖里。

浓缩着世俗风情的老作坊，弥漫着浓郁市井气息的一阵阵吆喝声，可以让您感受昔日南京的民情民风。回首往昔，我们看到的不仅仅是岁月的留痕，更可以体味那旧物背后日渐流逝的沧桑。

【磨刀匠】

“磨剪子来，戗菜刀……”这种拖着长长的尾音、极富韵味的熟悉吆喝声现在已很少能听到了。肩扛四尺条凳、一头固定磨刀石、凳腿绑个装水铁桶的磨刀匠走街串巷的身影也越来越难寻觅了。

磨刀匠

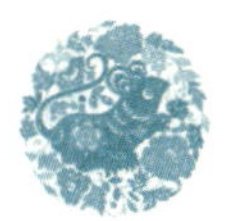

时代的变迁，会将一种绵延多年的生活方式从我们的视野中抹去，只是，“无可奈何花落去”之余，仍留给我们许多的念想。

【卖糖粥藕】

小时候住的巷子，有吃不尽的好东西和玩不完的好游戏。那时候早上睡得正香时，总是会被一阵悠扬的叫卖声吵醒，虽然贪睡，但却一点都不觉得生气，因为那声音喊的是“糖粥（读短促的琢音）藕”，于是，快速套上衣服，再缠着妈妈要几角钱，然后欢呼着冲向门外。那是一个木桶，里面装满了红色的稠稠的稀饭，每次趴在边上看着卖家盛粥时，总抑制不住口水。现在想来，似乎那种感觉还在嘴巴里来回滚动，带着一股清香，留着一丝甜蜜。

【卖蒸糕】

白白的粉混着黑黑的芝麻，填进小桶里一层层地摞起来，下面不断地向上冒着蒸汽，过得片刻，把最下面的小桶拿下来在底上一扣，就挤出来一个白白胖胖、颤颤巍巍的蒸糕了，看着那样子

卖糖粥藕

卖蒸糕

就让人垂涎，更不要说一口咬下去那松松软软又香香甜甜的感觉了。

【修棕绷】

“修棕绷嘞，修藤绷！”——尾音常常突然就跳了上去，这时一个背着一大包棕绳的男子从外面走进小巷，他边走边叫，不急不慢，直到有楼上的人探出窗口叫住他，他才回过头来。把棕绷从楼上抬下来，用四只凳子架好放在外面场地上，修棕绷的就开始工作了。他很少言语，慢慢地穿棕引绳，除旧换新，加密旧了的棕绷。棕绷出于江南地区，已有几百年的历史，它以木框为架，串编棕绳为面，其睡卧舒适，受人喜爱。

【酱园】

南京的酱园业认唐代书法家颜真卿为祖师。清代陈作霖《炳烛里谈》上记载：“酱园报赛必在颜鲁公祠，取盐卤二字同音。”唐代颜真卿受封“鲁郡公”，故称“颜鲁公”，“盐卤”又与“颜鲁”谐音，所以颜鲁公祠是南京酱园业的祖师庙，颜真卿是南京酱园业的祖师爷。

修棕绷

酱园

酱园业一般是前店后坊，前店还分“干柜”、“湿柜”，过去酱园很多，门口店墙上写有大大的“酱”字，店内是大大小小的坛子。

【卖冰棍】

“冰棒马头牌，马头牌冰棒”，相信听到这熟悉的吆喝声，大家一定会把思绪倒退二三十年，当年“马头牌”冰棒在南京城的风靡程度一点也不亚于现在的酸菜鱼和小龙虾，全城百姓在夏天最信赖最喜欢的冷饮恐怕非它莫属。如今这样的吆喝再也听不到了，它定格在了儿时夏日的记忆里。

卖冰棍

【修伞匠】

“修洋伞，补雨伞，洋伞雨伞好修……”这样的吆喝，唱成谱子就是：“梭米啦，梭梭啦，米啦米啦啦梭……”待到熟悉的声音传来，各家各户如有伞坏的就会准备好，一到门前就叫住，谈好价钱后让修伞师傅修补。修伞人会向你家借张凳，在墙角边一坐，铺开家什动

修伞匠

手修理，很快那伞就获得了重生，而修伞人则挎着包又云游四方去了。

【补锅】

赶雨赶风，骑楼底乘凉忙擦汗；焊铜焊锡，街巷中卸担趁开炉。过去的修锅匠可是一门好手艺，以前居民家烧菜一般用的都是生铁锅，锅铲炒着炒着就会在锅底炒出个漏眼。扔了可惜，又得花钱去买；不扔肯定不能用，只好找师傅去补补了。

补锅

【剃头匠】

剃头匠的全部家当都用扁担挑着，终日走街串巷地吆喝着，只要有生意，立马放下剃头挑子，就地开工。印象最深的是剪完发后的刮脸，刮脸前先要磨剃刀，把一块窄长的帆布挂在大门的圆铁环上，拽着帆布的一头，拿着剃刀在帆布上来回摩擦使刀锋利，然后用一块很烫的布挤干后遮在脸上，捂一会，掀开一点，慢慢地从上额、眉、两腮、左

剃头匠

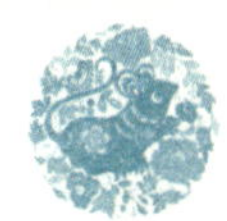

右耳，直至下颚，一点一点把汗毛刮净，不刮得油光锃亮决不罢手。

【当铺】

典当，初名质库，是以衣饰等实物作为抵押品，在物主赎回时收取利息的古老信用机构。由于旧时典当业利润可观，所以，民间流传着一句顺口溜：“若要富，开当铺”。过去上典当铺的，绝大多数是贫苦人家。他们借贷无门，走投无路，不得已跨进典当的黑漆大门，把仅有的衣物伸向高高的柜台。人们对它的认识大多来自影视剧和描写旧中国城镇生活的小说：门前一个巨大的繁体“當”字，光线暗淡的大门，还有拉长声调的店伙计和令外人摸不着头脑的行话，给人以神秘莫测之感……

【推车】

别看车子简单，两个把手一个轮，真正推起来可不是件容易的事，没个几年的练习还真不一定能玩得转。过去这

当铺

推车

小车可是既当出租车又当货车，载人运货无一不精，而且体积小，分量轻，上山下田都很方便，可是风靡了好一段时间。

【卖唱】

卖唱这营生，旧社会街头、酒楼常见。以前在夫子庙有一句告诫才子之句：君子不过文德桥。文德桥这边是少年才郎以读书为本，文德桥那边是妙龄美女以卖唱为生，区区一句告诫之语怎能抵住秦淮美女的千姿百媚之容，又怎么收得住江南才子的怜香惜玉之心呢？

卖唱

【老虎灶】

老虎灶是用来烧开水的一种大灶，过去有人以此谋生，专门出售开水和热水。拎着水瓶，带上几分钱，机灵的孩子会选择那些老茶馆里的老虎灶，因为在排队打水的同时，还能名正言顺地听上一段免费的说书。那些悠闲得浑身放松的茶客脸上的笑容、说书先生合拢折扇卖关子时的得意神情和不时响起的惊堂木声，还有跑堂拎着长嘴茶壶给茶客

老虎灶

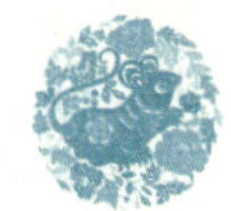

们续水时凤点头的架势，以及茶馆里那老虎灶上徐徐冒着热气的大水壶，这些画面至今仍是那些孩子记忆中最美的定格。

【卖花】

旧时大街上，常会看到年纪或大或小的女子，挎着个篮子一路叫卖，篮子里一般放着穿成串的白兰花和栀子花，随着她们走过身边，一股沁人的香气也扑鼻而来。她们的叫卖又脆又糯，连着那股香气，惹得行人忍不住就想买上一串。

卖花

【箍桶匠】

箍桶手艺不独中国有，外国也有，不仅古代有，就是当代也没有绝迹。因此箍桶是一种久远的行当，是和老百姓的生活密不可分的。箍桶，就是用竹篾圈或铅丝圈将破漏或爆散的木桶重新束紧修复，其技艺主要在于“箍”而不在于“制”。当然，给箍桶师傅一堆木块，箍桶匠照样能做一只新的桶，这是箍桶匠最起码的本领，若是连新桶也箍不起来，要想补好人家的旧桶破桶又谈何容易呢。

箍桶

3.“金陵工巧”览非遗

古都南京是国务院首批公布的历史文化名城，有着丰富的自然景观和历史遗存，其中的非物质文化遗产是南京历史文脉不可分割的重要部分，具有不可替代的研究价值。

南京的非物质文化遗产种类丰富、数量众多、内涵丰富、特色明显，有许多项目为全国独有、世界享誉。目前已发现两千余项非物质文化遗产资源项目，其中 49 个项目列入江苏省非物质文化遗产名录，10 个项目被国务院列入“国家级非物质文化遗产名录”。古琴艺术（金陵琴派）、南京云锦木机妆花手工织造技艺、金陵刻经印刷技艺、剪纸（南京剪纸）被联合国教科文组织列入“人类非物质文化遗产代表作名录”，成为世界级的非物质文化遗产。在众多的非物质文化遗产中，传统手工技艺是最为人们喜爱、最贴近百姓生活的门类。

南京历史上就是能工巧匠的汇集之地，明代初年，明太祖曾征召全国五分之一的工匠到南京服役。在南京的老城南地区，至今仍沿用着铜作坊、弓箭坊、颜料坊等古地名。经过岁月的洗礼，社会的进步，许多传统手工技艺已渐渐衰败湮没，但也有一些优秀的技艺有着顽强的生命力，至今仍焕发出勃勃生机。在南京市民俗博物馆的“金陵工巧”展区中，云集了南京地区二十多位国家级、省级、市级非物质文化遗产传承人，常年在此表演传统手工绝活。在这里，观众既可以观赏到难得一见的传统手工艺精品，又可观看各位工艺美术大师精彩的现场表演，领略传统手工技艺的风采。

【金银细工】

宝庆银楼是南京著名的老字号，创建于清嘉庆年间，其金银细工制作技艺已有近200年的历史。新中国成立后，宝庆银楼迁址南京太平南路107号，一批当年的宝庆艺人留了下来，将这一传统技艺传承至今。中国工艺美术大师王殿祥先生，自1959年就开始从事工艺美术设计，1970年调入宝庆银楼，从事金银摆件设计创作40年，设计作品数百件。他设计的金银摆件《万象更新》获“中国工艺美术品百花奖”银杯奖，《唐皇马》获“中国旅游购物节”天马银奖，《八音仕女》获“中国妇女儿童用品四十年博览会”金奖。2009年，王殿祥入选国家级非物质文化遗产代表性传承人。

【南京剪纸】

张方林先生是南京剪纸国家级非物质文化遗产代表性传承人，江苏省研究员级高级工艺师。出身于剪纸世家，是著名剪纸艺术家张吉根之子。他从事剪纸艺术40余年，被联合国教科文组织授

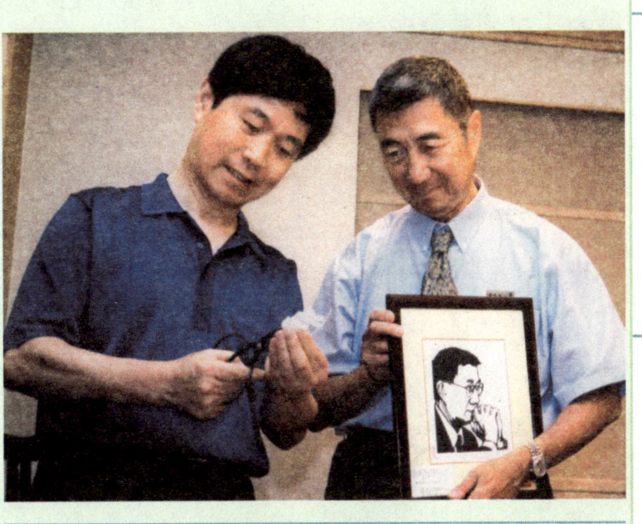

张方林在表演剪纸

予一级民间工艺美术家称号。张方林先生2010年在南京市民俗博物馆设立了“金陵神剪张”工作室，从事剪纸教学工作，免费传授剪纸技艺，许多学生在张老师的推荐下，得到国外名校的认可，获得留学机会。在南京市民俗博物馆从事剪纸技艺展演的还有马连喜老先生。

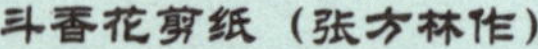
斗香花剪纸（张方林作）

马连喜是南京剪纸省级非物质文化遗产代表性传承人，原籍安徽芜湖，祖母马老太、父亲马志宏是苏、皖、沪一带有名的剪纸艺人，他也是剪纸名家张吉根的表弟。马连喜11岁开始学习剪纸，师从“剪纸大王”王显清，1951年来到南京，得到表哥张吉根的指点。马连喜在继承传统剪纸艺术上做了很多工作，他整理了剪纸世家祖传的艺术资料，如运剪、构图方面的口诀。

马连喜在表演剪纸

【南京绒花】

绒花是一种以蚕丝为主要原料的手工饰品。自明清以来，一直是南京的传

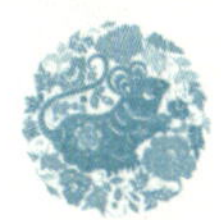

统民间工艺品。因其谐音“荣华”，有吉祥寓意，为达官贵人和寻常百姓所喜爱。旧时南京人婚嫁喜庆或传统节日，都会以绒花作为装饰。新中国成立以后，随着时代的发展，绒花渐渐从人们的生活中消失了，绒花艺人纷纷下岗转行。2008 年，绒花艺人赵树宪先生，怀着振兴南京绒花技艺的决心在南京市民俗博物馆设立了“南京绒花工作室”。赵树宪老师是目前南京唯一能从事传统绒花设计制作的艺人，他 20 岁不到就进入南京工艺制花厂绒花车间，师从著名的绒花老艺人周家凤，长期从事绒花的设计和制作。经过赵老师和民俗博物馆的共同努力，南京绒花又重新引起社会关注，许多年轻人也喜爱上了绒花制品，海外游客则更喜欢在赵老师的绒花工作室驻足。南京绒花工艺的“起死回生”让我们深深感受到传统手工技艺的独特魅力。2008 年，赵树宪入选省级非物质文化遗产代表性传承人、南京市工艺美术大师。

赵树宪在制作绒花

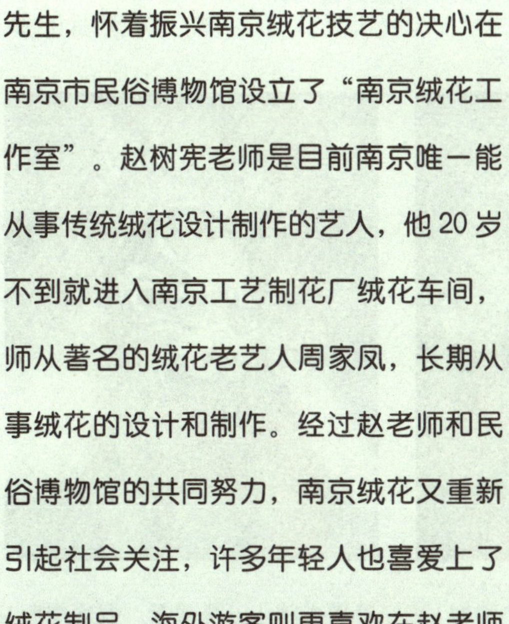

【戏剧脸谱】

南京市非物质文化遗产代表性传承人程少岩，1960 年毕业于中国戏曲学校，原是江苏省京剧院武生演员，高级舞台美术设计师。1980 年开始从事京剧脸谱

研究，他独创的手工宣纸脱胎脸谱，有别于其他工艺脸谱，制作上采用宣纸脱胎，融汇雕塑、绘画、镂刻、彩扎、裱糊、脱胎等多种技艺，是继承传统工艺脸谱基础上的又一次创新，同时又把舞台专业性谱式准确勾画的技巧用在其中，赋予其特有韵味。近年来又拓宽了脸谱艺术各种载体，所创新的脸

脸谱金沙滩－杨延嗣（程少岩制）

脸谱九连灯－火判（程少岩制）

脸谱闹天宫－杨戬（程少岩制）

脸谱火焰山－牛魔王（程少岩制）

谱艺术作品，既是工艺美术，又是舞台美术，兼有两者的实用功能，有别于国内其他脸谱艺术品，具有本区域特色，被称之为金陵工艺脸谱。

【秦淮灯彩】

秦淮灯彩的起源要追溯到宋元时期，人们在重要节庆悬挂灯彩，祈求风调雨顺、国泰民安的生活，因此，灯彩一直被视为吉祥的象征。南京最早的灯市是在升州路一带，民国时期迁至夫子庙。如今，秦淮灯彩已成为南京地区最具代表性的民间艺术之一，是我国传统灯彩艺术的一个重要流派。灯彩艺人曹真荣现为南京市工艺美术大师、江苏省非物质文化遗产代表性传承人。曹师傅儿时随父学扎灯彩和风筝，从艺近50年，并且善取各家之长，技术全面。他所扎灯彩，从纸扎灯、丝绸灯、宫灯到走马灯，发展到光纤灯及大型空中灯，此外他还特别擅长扎动物灯。

穿行在南京市民俗博物馆“金陵工巧”展区，您还可以欣赏到许多独具特色的民间艺术家的表演：南京唯一的男性绣花艺人，一个从山里走出来的民间艺人高勇先生，钟情于“女红”技艺，

曹真荣在制作灯彩

高勇在制作绣花鞋

孙光辉在表演抖嗡

他创作的巨型虎头鞋，在首届虎年民间艺术大展中荣获一等奖。中国工艺美术大师喻湘涟的高徒何斌先生创作的手捏戏文作品，姿态传神，是国粹艺术和民间技艺的完美结合。微雕艺术家罗兰女士，有着女性特有的细腻和扎实的文学艺术修养，她创作的微雕作品内涵丰富，艺术性高，又兼具实用性，深受观众的喜爱。万桂明的工艺木雕，技艺传承于南京仿古木雕，作品题材丰富、工艺精湛。荣记老牌竹鸣堂第三代传人孙光辉先生，至今仍采用传统工艺制嗡，从备料到成品，需经过 78 道工序。孙光辉还是一位抖嗡高手，会抖几十种花样，他的每次表演无不让观众眼花缭乱，拍手叫好。绳结艺人汤虹女士从艺十余年，在继承中华绳结艺术的传统制作规律、色彩特征的基础上有所创新，将有着数千年历史的绳结艺术赋予了新的生命。烙画艺术家王高飞，以火为笔，以竹、木、葫

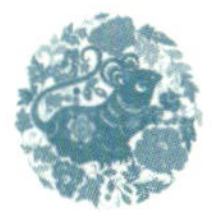

张苗向学生讲解葫芦画技巧

芦为纸，采用传统书画技法，创作出独具特色的烙画。有着“金陵葫芦王”美誉的民间艺术家张苗先生，在大小不同、形状各异的葫芦上描绘着自己对传统文化的感悟。竹刻艺术家赵荣女士，是金陵竹刻的正宗传人，正为传承和发展这项兴盛于明代的传统艺术默默耕耘。

4.“梨园雅韵”赏国粹

甘贡三先生及其子女，与京昆民乐颇多渊源：甘贡三先生精通昆曲和民乐，被誉为“江南笛王”；甘贡三先生的女婿汪剑耘是梅兰芳大师的入室弟子，著名的梅派青衣；长子甘涛曾任南京著名票社“新生社”社长，“红豆馆主”溥侗（宣统帝的堂兄弟）的弟子；次子甘法（甘律之）的夫人就是黄梅戏表演艺术家严凤英；三子甘涛为南京艺术学院教授，培养了大批民乐人才，被称为“民乐宗师”。如今，甘家后人汪小丹女士担任南京昆曲社社长，传承着先辈们的事业。

甘家当年戏曲活动的地点主要在南捕厅 15 号花厅的“新生社”，家中遇有大事举办堂会，则在大板巷 42 号第三进的大厅搭建临时舞台，并没有专门的演出场所。2006 年，民俗博物馆二期陈列改造，在 15 号东偏院设立“梨园雅韵”

“梨园雅韵”舞台

“梨园雅韵”观众区

专题展区，为观众提供了一个欣赏舞台表演和休闲小憩的场所。

“梨园雅韵”舞台表演区占地约 300 平方米，北面是舞台，小巧而精致，由原江苏省京剧院老院长王琴生手书的“盛世梨园”牌匾就挂在舞台之上。舞台两边隔扇门上装饰着大幅的国画牡丹，台口有木质的“美人靠”围栏将舞台与观众区分隔。台口立面镶嵌着十余块雕工细腻的砖雕，内容为戏曲人物。舞台南面是观众区，十几张红木八仙桌和明式官帽椅有序排开，南面明间中堂和两边山墙陈列着精美的

"二十四孝"隔扇门。

"梨园雅韵"展区平时有"甘家小吃"供观众品尝。"甘家小吃"源于秦淮小吃，并形成自己的特色，深受游客喜爱，已成为南京新的特色小吃品牌。"甘家小吃"采用传统工艺制作而成，品种有桂花糖粥藕、糖芋苗、鸡汁干丝、菊叶饼、水晶烧卖、鸡汁回卤干、鸭血汤、凉粉、鸭油酥烧饼等品种。当用传统的木质托盘，承装着九样精美的小吃，冒着丝丝热气，散发着诱人香味，摆放在红木八仙桌之上时，端坐于红木座椅之中的您必定会胃口大增，大快朵颐。

省京剧院的艺术家在表演《贵妃醉酒》

精致的甘家小吃

“梨园雅韵”展区常年有南京白局、南京白话、黄梅戏、民乐等多个表演团队为游客演出。每逢周六晚间，南京市民俗博物馆还和江苏省京剧院合作，举办“梨园雅集”京剧表演专场活动，由省京剧院的艺术家表演经典折子戏。

5. 明清紫砂精粹

“五十年苦觅饱览壶天锦绣，二百件珠玑堪称陶苑精华”，挂在紫砂陈列馆两边抱柱上的楹联形象地描述了这些宝贝的主人沙志明先生的收藏经历。沙志明先生是土生土长的南京人，回族，世代居住在南京城南回民聚居地——七家湾。他自幼好武，勤于锻炼，曾做过起重工、铸造工。他业余爱好广泛，练习举重曾获得过江苏省人民运动大会的冠军；喜好京剧，正宗的裘派唱腔让专业人员自叹不如。自20世纪50年代开始，沙志明就对紫砂收藏产生了浓厚兴趣，着手收藏研究，谁知，命运多舛，在“文革”中，他因言获罪，横遭磨难。1979年平反后，他又重新投入到收藏中，前后历经40多年，并先后主编出版多部专著，成为海内外知名的紫砂收藏鉴赏大家。2004年，沙志明先生与南京市民俗博物馆合作，在“甘熙宅第”内开设了紫砂陈列馆，专门展出沙志明收藏的182件紫砂精品。

陈列馆入口处有牌匾，上面刻着“明清紫砂精粹”的展名，书法出自国宝级大师、故宫博物院书画鉴定专家徐邦达先生。展厅内古色古香的陈列柜中错落有致地摆放着各种紫砂展品。从作者来看，有明代晚期的紫砂名家时大彬、陈用卿；清代的陈鸣远、华凤翔、方曾三、王南林、邵元祥、朱方熙、蒋祯祥、杨彭年、杨凤年、范述曾、陈曼生、邵二泉、冯彩霞、邵大亨、葛明祥、吴云根、陈柏亭、邵友廷、许公望、程寿珍、任淦庭、俞国良、王寅春、冯桂林等名家；民国时期的张文华、江案卿、强义海、裴石民、范大生、唐凤芷、王熙臣、蒋燕亭、汪宝根、沈孝陆、邵陆大等，几乎包含了历代紫砂制作大师的作品，另外一些不知名的民间高手的作品也有展示。从形制上看，不仅有茶壶、茶盏等茗具，也有盘、盖罐、花瓶、烟枪、熏炉、水注、花盆、酒壶等。许多展品上还刻有书法、绘画、印章，更增添了展品的艺术性。

展厅中的第一件展品就是“大彬”款紫砂茶叶罐，此罐为直口套盖，鼓腹。

“大彬”款紫砂茶叶罐

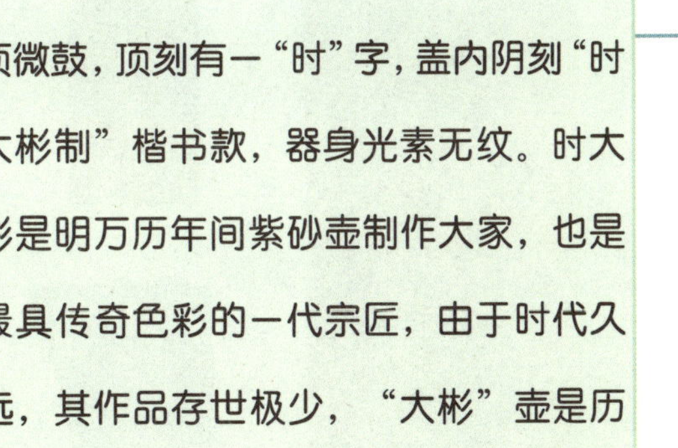

泥色呈红褐色，泥中夹有黄白砂粒。盖顶微鼓，顶刻有一“时”字，盖内阴刻“时大彬制”楷书款，器身光素无纹。时大彬是明万历年间紫砂壶制作大家，也是最具传奇色彩的一代宗匠，由于时代久远，其作品存世极少，“大彬”壶是历代收藏家梦寐以求的至宝。这件紫砂罐表面略显粗糙，罐内未加修饰，接痕明显，符合明代工艺特征。用料较粗，有“银沙闪点”，和出土的明代紫砂器的用料一致。款识为竹刀阴刻，字形字体均和出土的“大彬”款器物相符，是研究明代紫砂的珍贵实物，也是沙志明先生钟爱的藏品之一。

紫砂盖筒是展厅中一件并不起眼的展品，该器为圆筒形，紫泥作胎，外饰

邵元祥制大壶

米黄色泥作面。筒身一面刻有一老者端坐于绣墩之上，双手抚琴，表情专注，似乎沉浸在高山流水的乐曲声中。画面上部刻有“曲中知音”四字，落款为“己酉首夏石溪写，辑五刻”。筒的另一面刻有一首楷书七言诗“黄金缀顶攒文羽，白璧垂缨间木鸡”，落款为“宣统元年首夏辑五刻”。这件紫砂盖筒是沙志明先生于20世纪80年代，在扬州瘦西湖旁的古玩市场购得。经过多方求证，这件紫砂盖筒的主人江石溪先生，是革命

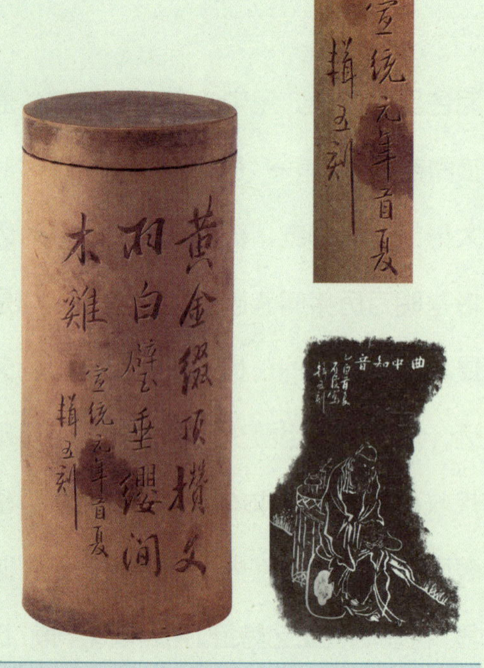

紫砂盖筒

杨凤年制梅段壶

俞国良制提梁壶

烈士江上青的生父，紫砂盖筒上的《俞伯牙抚琴图》就是其所画。

“明清紫砂精粹展览”中的每一件展品都是紫砂工艺传承发展的珍贵实物，每一件展品都记录着沙志明先生不同的收藏故事。精美的历史文物、幽静古朴的环境，无不让观众感受到传统文化的博大精深。

邵景南制蓝釉提梁壶

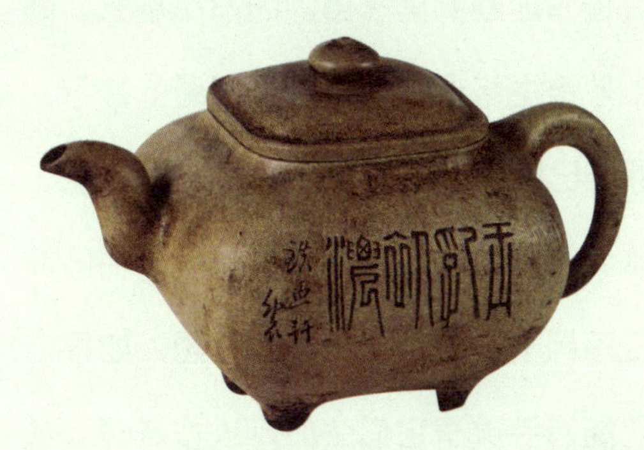

吴云根制四方传炉壶

6. 陈仲仁的钟表世界

在"甘熙宅第"的展厅中有一座私人收藏古钟表馆，展厅内一个个具有明式家具风格的红木展柜之中琳琅满目地陈列着各式各样的古钟表，这些古钟表的主人就是被誉为南京"钟表大王"的陈仲仁先生。

陈仲仁先生是一位具有传奇色彩的收藏家，他从小在孤儿院长大，小时候为了消除心灵上的孤独感，有时放学后会偷偷地跑到堂子街的旧货市场去，看那些摊主修理钟表，经过师傅的妙手，原先已经散架、锈蚀的钟表又起死回生，滴滴答答地走了起来，这让年少的陈仲仁感到十分好奇，他有时就想，如果自己能亲手赋予它们生命，该多好啊，从此陈仲仁就迷上了钟表。后来，他和那个时代的许多人一样，没有完成学业，下放去了农村，回城后，进了工厂，由于出色的工作表现，被评为江苏省劳动模范。在下岗潮中，他又主动带领一批下岗职工再创业，被评为"再就业十佳明星"，后又被选举为秦淮区人大代表、政协委员。无论是在农村还是回城后，工作之余，他都没有放弃对古钟表的爱好，40多年来，他共收藏了600多件古钟表。其中有英国、美国、瑞士、德国、日本产的，也有中国明清时期的；质地有陶瓷、景泰蓝、红木、金、铁、铜、塑料、石头。收藏钟表的同时，也使陈仲仁变成了钟表识别、鉴定、维修方面的行家，再破的钟表到他手上，他都可以整理出来。

在"甘熙宅第"古钟表陈列馆中陈

日本掐丝珐琅四明钟

列着两百件各种式样的古钟表。每一座钟、每一块表，陈仲仁都能如数家珍地讲出它的来龙去脉。日本掐丝珐琅四明钟，是100多年前日本商人赠送给清政府官员的特制钟，亭式全铜质，四面镶有玻璃，上下部及立柱采用掐丝珐琅装饰，存世极少。八音钟，日本产，清代传入中国，此钟整点报时可奏出音乐，并可根椐需要调校出任何一首乐曲，音质美妙动听，令人倾倒。皮筒钟是过去达官贵人的玩物，钟可用皮套装入挂在腰间，一来掌握时间，二来显示其地位及身份。美国第一代电子石英钟，大约产于1930年。日本的鱼尾钟20世纪初制造，是迄今为止保存最完整的日本挂

日本瓷面八音钟

德国报时报刻皮筒钟

六柱 400 天钟

日本鱼尾钟

香港新界租借会议纪念表

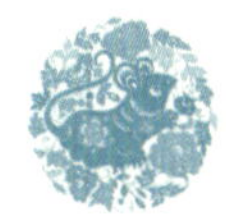

钟。英国的“四百天”钟，上一次发条可走400天。清代名贵的挂表、手表，如1898年为纪念新界沦为英租界而特制的挂表，此表当时仅制作生产100块，十分罕见，还有八国联军侵华作战时日本军官使用的挂表等。

在这些古钟表中，老陈最钟爱的就是南京本钟了，南京本钟因起源于南京，所以得名。清朝后期，南京出现了十多家造钟作坊，其中最著名的有王万顺、易黄茂、胡锦元等几家。后来，南京本钟的制造地遍及江苏，人们又称其为“苏钟”。因这种钟的外壳造型仿造中国传统的插屏样式，又有“插屏钟”之名。明末时，江宁（今南京）人吉坦然制造过一只叫做“通天塔”的自鸣钟，是仿照西洋钟的原理制造的，但仿中有改，具有中国风味，这就是最早的南京钟，所以吉坦然就被奉为南京钟的鼻祖。1915年南京本钟参加了巴拿马国际博览会，获得金质奖章。南京钟具有很高的艺术价值。南京钟的外壳采用红木、紫檀、黄花梨等名贵木料，制造非常精致。底座的纹饰常见的有“葫芦藤”、“梅花”、“二龙戏珠”等。有的边框还采用螺钿、

南京本钟

雀笼钟

五彩瓷壳钟

象钟

牛骨或象牙装饰，花纹有“暗八仙”、“佛八宝”等。南京钟的钟面为白色珐琅表盘，嵌于雕刻精美的铜面饰板上。铜面饰板的花纹有“狮子滚球”、“五福捧寿”、“八仙过海”、“福禄寿”等，铜面多施以鎏金工艺，金光闪闪，富丽堂皇。如今，南京钟已成为钟表收藏的热门品种，其市场价也在不断攀高。陈仲仁先后收藏了25件南京本钟，在陈列馆中您可以欣赏到十几件不同样式的南京本钟。

五、民俗藏品：百姓生活的见证

1. "二十四孝"木雕隔扇

信府河是南京城南秦淮河边的一条小巷，北起武定桥，南至镇淮桥，明代初年，明代开国功臣汤和的府邸就在此处，汤和因立国有功，被朱元璋封为信国公，信府河因此得名。南京市民俗博物馆收藏的"二十四孝"木雕隔扇就是原信府河 119 号河房的内檐装修构件。

河房是南京特有的一种民居建筑形式。明清时期，城南的秦淮河，是城内重要的交通及商业通道，河岸两旁民居建筑比邻而建，蜿蜒连绵，高低参差，这类沿河而造的古民居，就是秦淮"河房"、又叫"河厅"。

二十四孝木雕隔扇

二十四孝木雕隔扇之纱隔

信府河119号河房由前后两进组成，大门为普通的石库门，前进房屋较为低矮，两进之间有小院，两边有厢房。后进为河厅，三开间，厅后有廊悬挑于河面之上，主人在闲暇之时，可依靠在后廊的围栏边欣赏秦淮的美景，聆听秦淮游船上传来的曼妙乐声，这正是秦淮河房的引人入胜之处。

信府河119号河房原主人为杨姓，民国时期，家道中落，其后人将此房卖与冯姓人家。2002年，信府河被列入拆迁改造范围，冯家后人为政府公职人员，具有很强的文物保护意识，主动联系民俗博物馆，将此套隔扇捐献给国家。随着城市改造进程不断深入，过去常见的秦淮河房已寥寥无几，这套精美的建筑构件记录着秦淮河房的精彩和辉煌。

"二十四孝"木雕隔扇由三部分组成，一是立于后进河厅明间两侧的纱隔，有16扇，高300 厘米，宽55厘米；二是后步柱间的屏风，四扇，高208厘米，宽43厘米；三是屏风两旁的两扇隔扇门，高300厘米，宽76厘米。原先在河厅明间外檐还有6扇隔扇门，在"文革"时期因"破四旧"被毁。纱隔和隔扇门的中夹堂是装饰精华所在，采用高浮雕的手法刻画了反映儒家忠孝思想的"二十四孝图"，有扼虎救父、戏彩娱亲、闻雷

纱隔木雕“梅兰竹菊”

纱隔木雕“金石彝鼎”

泣墓、郭巨埋儿、怀橘遗亲、刻木事亲等，纱隔裙板分别雕刻梅、兰、竹、菊、松鼠葡萄、榴开百子、金石彝鼎等图案。隔扇裙板雕刻得更为繁复，图案为“渔、樵、耕、读”，画面中有亭台楼阁、小桥流水、茅亭宝塔、假山怪石、苍山古木，错落有致，意境深远。中堂屏风为槛窗式，上下夹堂刻有文字印章，内容有楷书整篇《陋室铭》、大篆及鸟虫篆诗句、吉语印章等。整套隔扇的装饰内容设计巧妙，内涵丰富，非一般工匠随意雕凿，应是风雅的主人参与设计而成，反映了主人高雅的审美情趣。

木雕隔扇“渔樵耕读”

2. 精美的砖雕构件

砖雕是明清时期民居建筑装饰的重要手段，主要用于装饰民居建筑的屋脊、大门、照壁、窗、墙面等处，特别是民居建筑中的门楼、门罩运用最多，也最为讲究，往往是民居建筑雕饰的精华所在。在题材上，砖雕以历史故事、神话

人物、祥禽瑞兽、梅兰竹菊等寓意吉祥和人们喜闻乐见的内容为主。在雕刻技法上，主要有阴刻、压地隐起的浅浮雕、深浮雕、圆雕、镂雕、减地平雕等。

南京的民居建筑砖雕风格和苏州相似，明代砖雕装饰繁复，纹饰粗枝大叶，风格粗犷；清代中期砖雕工艺最为华丽，题材更加丰富；清代中期以后，风格趋向简洁实用。南京市民俗博物馆收藏的砖雕作品时代基本为清代中、晚期，原先都是达官贵人的宅第装饰物，是研究南京民居建筑艺术的重要实物。

【砖雕“麒麟献瑞、福在眼前”】

圆形，直径 44 厘米，厚 6.5 厘米，是镶嵌于宅院照壁之上的装饰物。主体图案为一只麒麟回首眺望，树枝间一只口衔铜钱的蝙蝠展翅飞舞。麒麟是古代传说中的神兽，传说孔子出生时有麒麟

砖雕“麒麟献瑞、福在眼前”

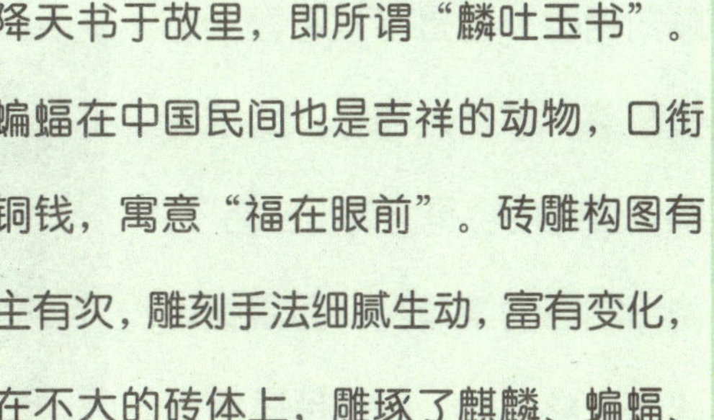

降天书于故里，即所谓“麟吐玉书”。蝙蝠在中国民间也是吉祥的动物，口衔铜钱，寓意“福在眼前”。砖雕构图有主有次，雕刻手法细腻生动，富有变化，在不大的砖体上，雕琢了麒麟、蝙蝠、树木、房屋、远山等景物，层次分明。

【砖雕“商山四皓”】

由大小两块组合而成，长 52 厘米，

砖雕“商山四皓”

宽 33 厘米，是砖雕门楼字额旁的兜肚砖雕，兜肚砖雕是整座门楼的精华所在，雕刻内容一般是吉祥图案、历史故事、神话人物等。此组砖雕表现的内容是“商山四皓”。商山四皓为秦遗民，因避秦苛政而退隐山林，后被吕后用张良计将他们请出辅佐太子，从而打消了刘邦另立太子的念头。四皓在中国文人心目中，是高隐和出世的楷模。

【砖雕“文王访贤”】

由大小两块组合而成，长 52 厘米，宽 33 厘米，图案内容为“文王访贤”。“文王访贤”讲的是商末周文王渭水访姜尚的故事。此组砖雕与“商山四皓”砖雕为一对，是门楼字额两边兜肚砖雕，与之对称，也雕琢了五个人物，右边是姜太公，左手捋须

砖雕“文王访贤”

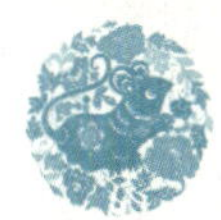

右手持杆伸向河中，双目微闭，神情专注，面含微笑。左边第二人是周文王，衣帽华丽，气度不凡，其余三人是文王随从，姿态也各不相同。“商山四皓”和“文王访贤”都是中国各种艺术形式的常用题材，反映的是中国传统文人出世施展抱负的思想追求。

砖雕“陶渊明赏菊”

【砖雕“陶渊明赏菊”】

兜肚砖雕，由两块组合而成，长70.5厘米，宽35厘米，尺寸较大。图案内容为“陶渊明赏菊”，图案中心为一株盛开的菊花，左边一老者坐于椅上，正在品酒赏菊。右边则是一老者骑马还乡，书童挑担随行。左边描绘的应是陶渊明赏菊，右边是高士归隐山林的情景。从中我们似乎可以领略“采菊东篱下，悠然见南山”的诗境。

【砖雕“周敦颐爱莲”】

兜肚砖雕，由两块组合而成，长70.5 厘米，宽35厘米，与砖雕“陶渊明赏菊”成对，安放在门楼字额两旁，图案内容为“周敦颐爱莲”。图案右边同样是高士归隐图。左边一位年轻的官员坐于椅上，左手抚案右手指向莲花，

砖雕"周敦颐爱莲"

似乎在吟诵"出淤泥而不染，濯清涟而不妖"的千古佳句。"渊明赏菊、敦颐爱莲"历来是中国文人喜爱的题材，莲和菊的品格都是古代知识分子追求的道德标准。

【"鱼"纹砖雕】

高26厘米，宽130厘米，由五块组成，保存完整，是砖雕门楼横枋砖雕。整体图案为连续的柿蒂纹地子，柿蒂纹中穿插梅花、菊花、牡丹、莲花等花卉，地子中有三个圆形开光，开光中分别雕刻了三条鲤鱼在水波中嬉戏，每条鱼的姿态各不相同。鱼是富余、吉庆和幸运的象征，是中国人最喜爱的吉祥图案之一。整组砖雕雕刻手法细腻，构图工整有致。

"鱼"纹砖雕

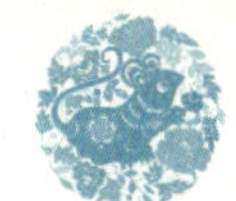

3. 材质与结构之美——木器家具

南京是明初的京师、清代的江南重镇、民国时期的政治文化中心。达官贵人、富商大儒层出不穷，明清巨宅、民国公馆林立。在这些居室之中自然要摆放高档的硬木家具，家具的好坏也成为主人身份的象征。明清时期的苏州地区、民国时期的上海都是当时家具制作的中心，形成了所谓“苏作”明清硬木家具和民国时期的 “海派家具”。南京遗存的家具实物主要是这两类，这些家具大都是能工巧匠倾心而为，用料考究，做工精良。

南京市民俗博物馆所藏的家具均是近年征集于南京民间，时代虽不久远，却是南京历史、百姓生活的见证物，每一件家具都承载着不同的历史信息，是民俗生活的重要组成部分。

【红木双鱼花卧房家具】

共有七件，分别为大衣橱、五斗橱、梳妆台、梳妆凳、片床、床边柜。家具主人商芳臣是我国著名的越剧表演艺术家，是和筱丹桂、竺水招齐名的艺人，

红木双鱼花卧房家具

此套家具是其在上海生活演出时购置，至今每件家具上还留有当时的商标。从商标的内容可知家具名称是红木双鱼花卧房家具，制作厂家是位于法租界的元泰木器公司，制作者是蒋宝生。

这套家具为典型的海派风格，造型装饰和中国传统卧房家具有很大区别，片床的床头中屏，床边柜、五斗橱、梳妆台的背屏及大衣橱中门均镶玻璃镜。全套家具的门均呈弧形，装饰的中心图案为中国传统的鲤鱼跳龙门，图案周围有两圈指甲圆的框线。家具所用木料表层为老红木，背板和隔板均为香樟木。

此套家具的造型、结构明显受到西式家具的影响，但其制作工艺、结构、装饰图案仍具有中国传统家具的特征。此套家具装饰造型统一协调，且保存完整，是研究中国家具发展的重要实物。

【老红木镶大理石双狮戏球扶手椅】

共十二件，八椅四几，保存完整。此套家具传为民国时期南京光华照相馆的陈设家具，光华照相馆为南京著名的老字号店铺，曾有多位民国要人光顾。

扶手椅的靠背上方呈三段凸线，中

老红木镶大理石双狮戏球扶手椅

背板镶白色大理石，边作立盾形，两侧饰密簇洋花，下部则为中国传统的勾云纹与横枨相连，背板上部圆雕双狮戏球，狮子为西洋造型，瘦劲、长鬃、舞爪张牙，衔一地球，球上刻有经纬线。椅面下有束腰、三弯腿、羊蹄足、工字枨，前券牙板饱满宽厚。茶几的装饰要比扶手椅简洁得多，几面心镶白色大理石，有束腰，腿足、券子、牙子的造型与扶手椅一致。

此套家具具有典型的广式风格，用料宽大厚重，造型及纹饰明显受到西式家具风格的影响，以优美的弧线为构架，庄重沉稳。其用材为优质的印度红木，色泽古朴、纹理优美。

老红木镶柏木透雕夔龙纹花罩架子床

【老红木镶柏木透雕夔龙纹花罩架子床】

此件架子床是典型的清式风格，时代约在清代晚期。床四角安方形立柱，床顶由四根横材连成方框与角柱榫接，方框中有十字撑，将顶板分为四块，以薄板覆盖。迎面安装透雕夔龙福寿纹花罩，花罩由三块整木雕成拼合，中间低垂，两侧向下内收。花罩是整件家具装饰的精华所在，夔龙纹取自古铜器装饰，相互勾搭交错，构成花罩主题，夔龙纹边缘起线，中间打洼。横板正中雕有一只蝙蝠，嘴含铜钱，寓意“福在眼前”，在夔龙纹中间点缀扇、盘长、如意、寿字配、花篮、犀角、玉磬、鱼龙等法器神物，器物间均有丝带飘穗缠绕相连，寓意“福寿绵长”。

顶盖下有挂檐，床后三面装有围栏，基本样式为用矮佬连接上下对称的如意卷云纹，中间连接海棠形开光，内镶柏木板，上下均有花朵形卡子花，两侧围栏由三组榫接，后围栏为五组榫接。床顶装有飘檐，呈三屏风式，每屏外框为透雕的葫芦纹，中间框内装有云石。床框也全由红木制成，床下为“两头沉”做法，两头各有一个床柜。柜腿为直腿，共有八足，两足间有牙板。

整张床用料适当，材质优美，做工精细，寓意深刻。

【红木镶瘿木八仙桌】

此桌时代为清晚期。桌面是落堂作法，四边攒框打槽，中间镶一整块瘿木板，束腰稍高于普通桌子的束腰，中间三条长堆肚。束腰下有托腮向外伸呈浑面状。罗锅枨向两边伸展，攒接做成回转拐子纹，镶透雕二龙戏珠卡子花。四腿边盘阳线直通马蹄足。

红木镶瘿木八仙桌

【老红木藤纹镶瓷板五开光鼓形圆桌凳】

圆桌面由弧形大边攒接成圆框，打槽安装青花瓷板，瓷板中心图案为团寿、暗八仙。桌面下有束腰，打洼，底部有圈形托泥，托泥下有五个小足。配套的圆凳造型和结构与桌相同。桌凳的用料为优质的老红木，表面不饰油漆，只在表面打磨烫蜡，突出了木材本来的纹理，显得清新自然。

此套家具设计精巧，整体造型虽然简洁，但制作难度较高，其玲珑剔透的外形，颇有明式家具的风韵。

老红木藤纹镶瓷板五开光鼓形圆桌凳

4. 美好的祝愿——婚俗用品

古人认为，婚姻是人生礼俗中的重要环节，婚姻的意义，不仅在于繁衍后代，而且是一切社会关系产生的基础。古代的婚礼，通常要经过六种礼节，叫六礼，即：纳采、问名、纳吉、纳征、请期、亲迎。这一娶亲程式，周代即已确立，以后各代大多沿袭周礼，但名目和内容有所更动。南京人的婚俗承袭于明代，主要有合八字、传红、下定、送日子、行礼、回盘、迎亲、上头、拜天地、开脸、会亲等程序。清末民国时期，西风渐至，出现了西化的婚俗，南京人谓之“文明结婚”：新郎的长衫马褂换成西装革履；新娘的凤冠、霞帔、石榴裙变成了白色婚纱礼服；热闹喧嚣的迎亲花轿也被马车、汽车所替代；原先繁文缛节的婚姻习俗也就成为旧话了。在南京市民俗博物馆的藏品中有很多传统婚俗用品，它们大部分是百年前的旧物，很多物品已斑驳破旧，通过对它们的仔细阅读，我们仿佛又回到了那个离我们并不遥远的时代，感受着喜庆的气氛和亲朋好友对新人的美好祝愿。

龙凤帖

光绪十七年婚帖

【婚书】

“婚书”指的是男女婚嫁的文书，古代又称为三书，即聘书、礼书、迎亲书。聘书即订亲之书，是男女双方正式缔结婚约的开始，纳吉时用的。礼书就是礼物清单，当中详列礼物种类及数量，

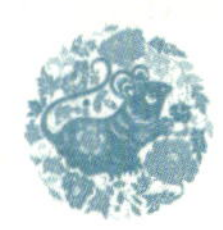

婚仪礼单

纳征时用。迎亲书为迎娶新娘之书，结婚当日接新娘过门时用。三书通常与六礼合称“三书六礼”。南京市民俗博物馆所藏婚书有龙凤帖、婚仪礼单、光绪十七年婚帖等。龙凤贴为大红绢本，上有用金粉印制的龙凤图案，正中有墨书的男女方生辰八字，龙凤帖是男女双方定亲时合八字所用。婚仪礼单为紫红底，上面书写有礼物清单，数量均为双数。光绪十七年婚帖由红宣纸写成，内容有男女方的生辰八字、婚期等内容，并有“百年缔好”、“两姓成姻”等祝福语句。

【新娘衣裙】

新娘衣裙由对襟立领上衣和摆裙组成，大红丝织面料，手工刺绣，主体图

新娘衣裙

案为富贵牡丹，配以小鸟、菊花、梅花等，寓意新人婚后生活富贵吉祥。衣裙下摆、领口、袖口均有黄色包边，手工盘扣。因为是新婚的嫁衣，婚后便成为珍贵的收藏品，所以这套衣裙没有任何破损和污渍。从这件新娘装精致的绣工、苗条的腰身、合适的比例之上，可以想见新娘的绰约风姿。

【甘蔗凳】

甘蔗凳用硬木制成，外形似板凳，高 20 厘米、长不过 40 厘米，以龙头、竹子、蔓草等作装饰。龙历来是中华民族的象征，寓意吉祥，翠竹表达了祝愿生活节节向上的美好愿望，蔓草则是长寿的象征。甘蔗凳是过去手工榨制甘蔗汁的工具，但这件甘蔗凳没有实用功能，它是新娘的陪嫁、婚礼中的吉祥物，放在洞房中祝愿新人早得贵子，生活甜蜜。

甘蔗凳

【花轿】

花轿又叫喜轿，是旧时婚礼中用于接亲的特殊轿子。这件花轿为八人抬，硬衣式，轿顶用木雕亭台楼阁装饰，最顶部的木斗之上有一座魁星的雕像，手持毛笔，寓意“魁星点斗、独占鳌头”。轿身采用透雕手法雕刻三国戏文以及榴开百子、喜上眉梢等吉祥图案。底座四角采用圆雕手法，雕刻了赵子龙将军的形象。花轿整体髹大红底漆，局部描金，富贵气派。

花轿

【子孙桶】

描金子孙桶

子孙桶就是旧时的马桶，又称子孙宝桶，顾名思义，是保佑子孙万代，多福多子的婚庆吉祥物，是传统婚姻中女方嫁妆的必备之物。过去在婚礼前一日，女方需送嫁妆，男方接回家中后，将子孙桶供于神桌之前，行跪拜之礼，可见它在婚礼中的重要性。此件子孙桶为鼓墩形，上下有泡钉装饰，周身涂以黑漆，局部描金，桶身有兽首和海棠形开光装饰，开光内刻有“婴戏图”。它没有任何使用过的痕迹，和甘蔗凳一样，都是祝福新人早生贵子的象征物。

【双喜玉佩】

双喜玉佩是过去婚礼中的信物，由和田白玉制成，玉质光润细腻，双面透雕，下部为双喜字，上部雕有一只蝴蝶，寓意新人像蝴蝶一样，不离不弃，忠贞不渝。

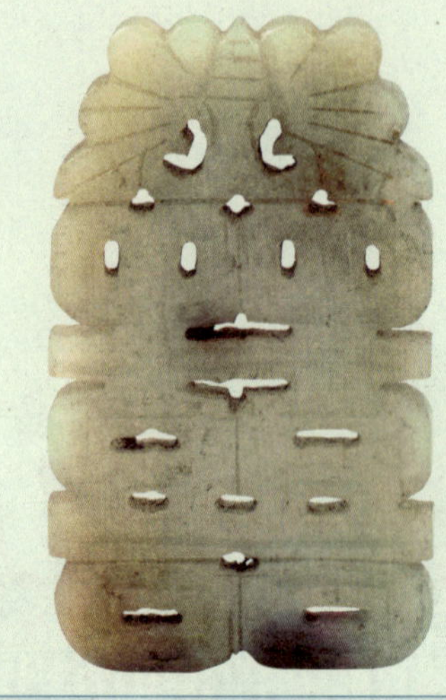

双喜玉佩

【牙雕娃娃】

牙雕娃娃是传统婚礼中的特殊陪嫁，由象牙制成，形象为头扎发髻的男童，身穿肚兜，手持莲藕，特别突出刻画了男性特征。它是传统婚姻中的性教育工具，一般放在女方陪嫁的箱子底，是“压箱底”的一部分，寓意新人早生贵子，家族人丁兴旺。

牙雕娃娃

5. 舐犊之情——育儿习俗用品

对于每个人来说，出生是生命的开始，是人生的第一乐章。对于家庭和社会来说，新生命的降临，意味着血脉的传承和伦理关系的延续。从生命的孕育到成长，家庭和社会都倾注了极大的热忱，许多风俗也应运而生。这些风俗拥有着丰富的文化内涵，从中折射出人们的思想感情和美好愿望。

南京的生育、养育习俗非常丰富，主要有求子、催生、报生、挂红、取名、做三朝、洗生、开奶、满月、剃头、抓周、割脚绊、认干亲等，同这些习俗相伴而生的是一些民俗物品，它们中有许多是由长辈精心制作而成，比如虎头帽、狗头帽、百家衣、拴孩石……这些寓意吉祥的物品，无一不体现着长辈对孩童的舐犊之情。

【拴孩石】

南京民间流传着这样一句谚语，讲小孩子“三翻六坐九爬爬”，“十月头上掏麻麻”，大人们外出劳作时，无暇照顾小娃，便打制出石狮子——拴孩石，把它与娃娃拴在一起，既保证安全，又能让孩子有个“狮子”朋友，逗趣“避邪”。拴孩石一般由爷爷或外公打制，精雕细刻的不多，大多粗犷朴素。

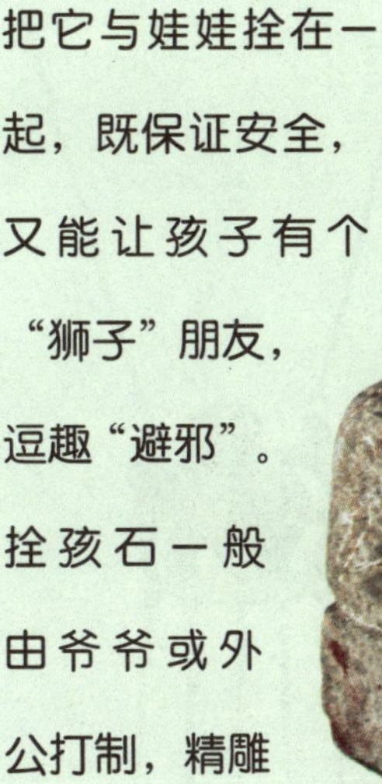

拴孩石

【长命锁】

长命锁又称“长命富贵锁”，汉族小儿的胸前辟邪饰物，呈古锁状，借锁寓意锁住生命，含避祸驱邪、祝愿长寿之意。质地多为银，亦有铜胎镀金或镀银者，上面通常刻有“长命百岁”、“长命富贵”等字样，或刻有“麒麟送子”、“和合二仙”、“年年有余”等吉祥图案。一般在婴儿出生百日时，由外婆家送来，故也称“百岁锁”，意在祝愿婴儿健康成长，长命富贵。

长命富贵银锁

年年有余银锁

【七巧板】

七巧板又叫智慧板、乞巧板。是一种传统拼图游戏。它是由唐代的宴几演变而来的，原为文人的一种室内游戏，后在民间演变为拼图板玩具，明、清两代在民间广泛流传，它是

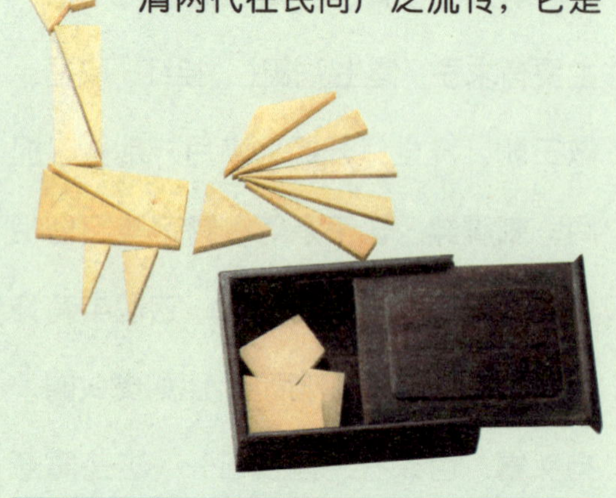

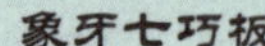
象牙七巧板

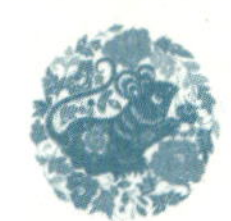

用方形薄板分截为五块、六块、七块等，随意排成多种样式的图形。这件七巧板为象牙质地，配有红木小盒，共有大小20块小板组成，是过去大户人家的儿童玩具。

【虎头帽、虎头鞋】

虎头帽、虎头鞋是传统的儿童服饰，具有鲜明的民族特色。虎崇拜是中国传统文化的重要部分，在中国人心目中，虎是力量、勇猛、生命力的象征，用虎的形象作为儿童的衣饰，表达了长辈们对孩童健康成长的希望。除了虎头帽、虎头鞋外，还有虎枕以及在端午节用来驱邪避害的虎形香袋、虎驱五毒绒花等。

虎头帽

虎头鞋

虎形香袋

【站桶】

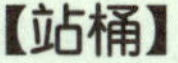

站桶一般为木头制作，也有竹制的，有圆筒形和方形两种。上小下大，这样的造型是为了稳定，孩子在桶内活动时

站桶

不致倾倒。桶的顶部有圆形开口，中下部有隔板，隔板下冬天时可放火盆取暖。站桶一般为一岁左右的孩童所用，孩子站在桶内，既可以锻炼腿脚，大人也可放心做事，无需照看，既科学又实用。

【摇桶】

南京人又称摇桶为“摇窝子”，是过去家庭中的必备之物，木制或竹制，分为桶身和摇架两部分，摇架的底部为两根弧形的木头，桶身卡在摇架之上，轻轻一碰，就晃动起来。过去制作的摇桶坚固耐用，老南京家中能传承几代人使用。现在，传统的摇桶已被漂亮的婴儿床取代，而家中的老人往往会这样对孙辈说：“这个摇窝子，好呢，冬暖夏凉，你小时候睡过，你爸爸小时候也睡过啊！”

摇桶

6. 花中套花的南京剪纸

南京剪纸历史悠久，根据《白下琐言》的记载，最迟在明代初年，南京已有了作门笺和装饰灯彩的剪刻纸。南京剪纸的发展还和本地刺绣有密切关系，过去妇女刺绣用的花样就是剪纸。南京剪纸融北方剪纸的粗放和南方剪纸的细腻为一体，艺术形式非常优美。它粗中有细、拙中见灵，在浓浓的乡土气息中，透露出强烈的装饰艺术效果，形成了独有的南京地域风格。

旧时南京剪纸的传统品种，主要有用于喜庆婚嫁的喜花、作刺绣花样的绣花和鞋花、装饰斗香烛的斗香花、挂在门楣上的门笺等。

喜花是南京剪纸中最具地方特色、应用最广泛的品种，旧时，南京人在举办婚嫁庆典时，都会在居室的墙、窗以及箱、柜、被、枕、床等物之上点缀用大红纸剪的各种喜花，以烘托喜庆吉祥的氛围。题材上多以寓意吉祥的花鸟虫鱼为主，比如凤凰牡丹、蝴蝶、如意、铜钱、鸳鸯、莲藕等。在表现形式上，采用“花中套花”、

百鸟朝凤（张吉根作）

百花齐放（张吉根作）

“题中有题”的手法，围绕主题，将各种素材相互融汇，组成一个完整的图案，借物寓意，以物表情。

近代南京著名的剪纸艺人有武老太（胡翠隆）、金坛人马志宏等。新中国成立以后，南京民间剪纸艺术得以发展，涌现了许多著名的剪纸艺人，其中张吉根和胡家芝便是杰出代表。

张吉根（1918～1981年）是我国著名剪纸艺术家，南京剪纸艺术流派的杰出代表，曾应邀到中央工艺美术学院、沈阳鲁迅艺术学院、南京艺术学院等高等艺术学院授课。《中国工艺美术》权威杂志载文称其为“金陵神剪张”，国外许多观众称其为“用剪刀变魔术的艺术家”。特别是不用画稿的单手剪技艺，更令人叫绝。叶剑英元帅在看了他的剪纸基本功表演后，给予高度赞扬。他与陈之佛、喻继高、吴山等人共同创作的《百花齐放图集》，由郭沫若亲笔题词并题写书名。张吉根多次出席全国工艺美术代表大会，

花卉（张吉根作）

花鸟（张吉根作）

是中国工艺美术学会会员、中国美术家协会会员，并当选江苏省第五届人大代表。

胡家芝（1897～2010年）是我国最长寿的民间剪纸艺术家，其人生横跨三个世纪。她1897年出生于浙江桐庐一个书香门第家庭，从小就心灵手巧，擅长刺绣、绘画。她从七岁就开始学习剪纸，10岁时已剪得相当不错。出嫁后，仍勤剪不缀。1952年她随大儿子、画家袁振藻定居南京，继续倾心于剪纸艺术，在其百年的剪纸生涯里创作了近千幅作品。胡家芝在继承传统江南剪纸艺术的基础上，随着时代的发展不断创新，作品兼具浓郁的民族特色和鲜明的时代特征，给人以美的享受。

胡家芝先后出版有《胡家芝喜花剪纸集》、《世纪人瑞：胡家芝剪纸艺术精品集》。2005年南京市政府授予她“终

美满人间（胡家芝作）

身成就奖”。2006年，南京市美术馆内举行了“百岁剪纸艺术家胡家芝剪纸作品展”暨《百岁剪纸艺术家胡家芝剪纸作品集》首发式。2010年，胡家芝老人以114岁高龄辞世，其子女将其116幅剪纸遗作及有关生活用品捐献给南京市民俗博物馆，了却了老人将作品留在第二故乡南京的心愿。

7. 富贵吉祥的南京绒花

绒花是一种以铜丝为骨，蚕丝为身的手工制花技艺，其历史十分悠久，相传早在唐代便被列为贡品，明清时期更具规模，是达官贵人和平民百姓都喜爱的装饰品。当年南京的三山街至长乐路一带，曾是热闹非凡的“花市大街”，经营绒花的店铺盛极一时。

20世纪三四十年代，南京绒花的制作以家庭作坊为主，制作绒花的业主主要分布于城南门东、门西地区，以马巷、铜作坊、上浮桥等地段为多。全城约有四十多户，马巷就有三家有名的业户：

“柯恒泰”、“张义泰”、“马荣兴”。其中，出身绒花世家，六代从事绒花工艺的吴长泉最早就是“张义泰”的学徒，著名的绒花老艺人周家凤12岁时从乡下

绒花艺人周家凤

绒花龙舟

（江宁县龙都镇东家村）来到南京学艺，也是在“张义泰”拜师于吴长泉。

绒花品种很多，有鬓头花、帽花、胸花、戏剧花等，其中以鬓头花最受人们青睐。绒花谐音“荣华”，寓有吉祥、祝福之意。民间逢重大节庆及礼俗活动时普遍有用绒花作装饰的习俗，借以祈福、辟邪。

南京绒花的色彩以大红、粉红为主，中绿为辅，间以黄色点缀，显得明快富丽。南京绒花的题材，则多取自民间喜闻乐见的事物，运用家喻户晓的吉利语言，采取实物谐音与艺术形象相结合的手法，寄托人们向往美好生活的愿望。

新中国成立后，绒花也曾经历了它的辉煌时期，在20世纪70年代，中国传统工艺品成为出口换汇主力，一批经验丰富的老艺人又回到工厂，他们在传统绒花工艺的基础上，设计出许多造型

龙凤喜烛

新颖、寓意健康的新品种，使原来专为民间“一事三节”使用的传统产品，发展为题材广泛的花鸟虫鱼、人物走兽及各种室内装饰品。这些新品种，既可作为民间喜庆、节日的室内装饰，又可供外贸出口和旅游者作纪念品，这种繁荣景象一直延续到 80 年代末。此后，传统手工艺制作走入低谷，工人下岗、工厂逐渐解体，老艺人相继离世。1992 年，为了抢救和保护绒花制作工艺，南京市民俗博物馆请已经 80 多岁的著名绒花艺人周家凤制作了一批传统绒花作品，这批作品既有大型的绒花工艺摆件：龙舟、龙凤喜烛等，也有各种鬓头花、绒鸡等。近年来，在保护非物质文化遗产工作推动下，绒花制作工艺又“起死回生”。在民俗博物馆的南京绒花工作室，周家凤师傅的徒弟、省级非物质文化遗产代表性传承人赵树宪又恢复了绒花制作，而这批 20 年前收藏的绒花已成为孤品。

鬓头花

绒花凤冠

六、教育基地：服务社会的文明窗口

南京市民俗博物馆是一座公益性博物馆。作为爱国主义教育基地，多年来，这里成为南京多所高校、中小学校的教育基地和对外文化交流的基地，并多次开展文博之夏夏令营，让非物质文化遗产进校园等活动，深受大家欢迎，充分发挥了博物馆寓教于乐的功能。

1. 素质教育基地

自2004年被批准为省级爱国主义教育基地以来，南京市民俗博物馆先后与南京医科大学、南京农业大学、南京晓庄学院、南京艺术学院、南京河海大学创新工程中心等多所高校签订了大学生素质教育基地协议，与南京府西街小学、南京师范大学附属小学等签订了小学生德育教育基地协议，与驻馆附近两个社区签订了共建基地协议。我馆先后在南京农业大学、南京医科大学、南京理工大学紫金学院、南京大学中外文化交流中心举办了“甘熙故居与九十九间半”、

艺人去南京农业大学

“漫话京昆艺术”、“趣味楹联知识”、“紫砂艺术”、“传统抖嗡艺术”等专题讲座，吸引近千名中外大学生前往参加讲座活动。

应各个大学基地邀请，我馆先后十余次前往大学参加各类大学生艺术节活动，举办形式多样的民俗知识巡回展览，并随展带去20多项南京地区民间手工艺绝活现场表演，使大学生们从不同角度对祖国的历史文化、传统文化有了深层次近距离的接触，深受大学师生们的喜爱。

为了更好地宣传、推动口头非物质文化遗产的保护精神，我馆还陆续在白下区的建康路小学、府西街小学，鼓楼区的模范马路小学、南昌路小学等开设了“民间剪纸”、“趣味抖嗡”、“神奇的中国结”、“黄梅戏”、“京昆艺术”、“泥塑艺术”等民间艺术选修课，我馆的这些民俗艺术课程已经成为我市部分小学的第二课堂，让学生零距离接触了我国的非物质文化遗产。

2. 对外文化交流基地

2008年底，我馆派出16位南京民间传统手工艺艺术家，前往南京国际学校参加该校举办的“欢欢喜喜中国年”活动，受到该校全体外籍师生的热烈欢迎。

在新中国成立60周年之际，应解放军陆军指挥学院邀请，我馆精彩的民艺展演、京昆艺术、民乐演奏、太极剑表演来到军营，38位民间艺术家的出色演出，受到了该院来自72个国家的高级军事指挥员及家属的热烈欢迎和一致好评。

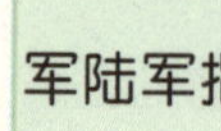

2009年6月6日上午和6月13日上午，由南京市政府新闻办和江苏省外

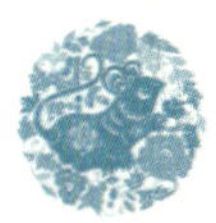

"同乐金陵——赛中华才艺"比赛现场

国留学生教育研究会举办，南京市民俗博物馆承办的"同乐金陵——赛中华才艺"活动在我馆举办。来自美国、爱尔兰、印尼、日本、韩国、布隆迪、墨西哥等10多个国家的20余名外籍人士登台演唱中国歌曲、戏曲，演奏中国民乐，表演小品、书法、绘画、武术、太极拳等。比赛现场气氛活跃，轻松愉快。中外人士在比赛与交流中，共同感受了中华文化的艺术魅力。许多到场的外籍人士表示，他们在南京这座历史文化名城工作、学习、生活，学到了不少中国的文化才艺，同时也非常高兴有这样与南京市民交流的机会，民俗馆给他们提供了一个展示自己的中华才艺和对中国文化了解的舞台。

3. 志愿者工作

我馆自2002年开始在大学生共建基地中开展志愿者工作以来，共有近千名大学生来馆参加各类志愿者活动，现登记注册的就有400位在校大学生志愿者。他们利用节假日、来馆学习讲解艺术，学习表演皮影、木偶戏，热情为观众做志愿服务，他们的身影活跃在博物馆的每一处展区中，他们热情的讲解，周到的服务，受到来馆观众的好评。在第四届世界城市论坛暨第三届名城会的青年志愿者活动中，我馆积极开展各类志愿者活动，开辟绿色通道，提供优质志愿服务，受到大会主办方的嘉奖，并荣获先进集体光荣称号。

信息学院志愿者学皮影

4. 文博之夏夏令营

每年的暑期，为了在全社会形成学习、传承我国非物质文化遗产的氛围，让学生们亲身感受到我国民间传统文化的精粹，同时也为了丰富我市中小学生的暑期文化生活，我馆都要开展主题鲜明、形式多样的夏令营活动。2009年7月，我馆联合南京市白下区文化局、白下区教育局共同举办了“我是小小传承人”主题夏令营活动。此次活动分两期举行，以组织小营员学习非物质文化遗产中优秀的手工艺项目为主要内容，包括剪纸、泥塑、彩扎（风筝、灯彩）、彩绘葫芦、雕漆工艺、手工布艺、中国结和雕漆技艺八大项，由省市各级非遗传承人面对面传授技艺，营员自行动手制作、实践，最后对作品进行评比，优异者颁发获奖证书，并组织专题夏令营活动成果展，让同学们体验传统手工艺制作的同时，体会到了非遗的魅力。活动营员涵盖了白下区各小学推荐的优秀学生及社区内外来务工子女、单亲困难家庭子女、城市低保困难家庭子女共150余人。

2010年7月7日，“我是小小传承人”夏令营活动再次开营，200余名孩子在民间艺人的言传身教下，学习风筝制作技艺、泥塑、中国结、剪纸、雕漆和烙画等民间手工艺绝活，争做中国非物质文化遗产的“小小传承人”。

“我是小小传承人”夏令营活动——扎风筝

“我是小小传承人”夏令营活动——学剪纸

“我是小小传承人”夏令营活动——学做中国结

责任印制：陈　杰

责任编辑：贾东营

图书在版编目（CIP）数据

南京市民俗博物馆／郑孝清、马麟、杨英编著．－北京：文物出版社，2010.12

（带你走进博物馆）

ISBN 978-7-5010-3118-4

Ⅰ.①南…　Ⅱ.①郑…　Ⅲ.①风俗习惯－博物馆－简介－南京市

Ⅳ.①K892.453.1-28

中国版本图书馆CIP数据核字（2010）第243391号

南京市民俗博物馆

郑孝清　马麟　杨英　编著

文物出版社出版发行

（北京东直门内北小街2号楼　100007）

http://www.wenwu.com

E-mail:web@wenwu.com

北京盛天行健印刷有限公司印刷

新华书店经销

开本：880×1230　1/24　印张：$6^{2}/_{3}$

2010年12月第1版　2010年12月第1次印刷

ISBN 978-7-5010-3118-4　定价：35.00元